Con *Dio ci vuole felici* di Elisabetta Rasy
si inaugura la collana “Scrittrici / Scrittori”,
in cui importanti autrici e autori dei nostri giorni
dialogano con l’opera e la vita
di grandi autrici e autori del passato.

ELISABETTA RASY

DIO CI VUOLE FELICI

Etty Hillesum o della giovinezza

HarperCollins

ISBN 979-12-5985-137-6

Pubblicato in accordo con
The Italian Literary Agency

Per le citazioni contenute nel testo si rimanda alle seguenti edizioni:
Etty Hillesum, *Diario, edizione integrale*,
traduzione di Chiara Passanti, Tina Montone, Adelphi, Milano 2012.
Etty Hillesum, *Lettere, edizione integrale 1941-1943*,
traduzione di Chiara Passanti, Tina Montone, Ada Vigliani, Adelphi, Milano 2013.
Katherine Mansfield, *Tutti i racconti*,
traduzione di Floriana Bossi, Cristina Campo, Giacomo Debenedetti e Marcella Hannau,
Adelphi, Milano 2003.
Per gentile concessione dell'editore.
Primo Levi, *Se questo è un uomo*, Einaudi, Torino 2012.
Anna Frank, *Diario*, traduzione di Laura Pignatti, Einaudi, Torino 2015.
Rainer Maria Rilke, *Poesie*, a cura di Giaime Pintor, Einaudi, Torino 1966.
Per gentile concessione dell'editore.
Giorgio Bassani, *Il giardino dei Finzi-Contini*, Feltrinelli, Milano 2012.
Marguerite Duras, *L'amante*, traduzione di Leonella Prato Caruso, Feltrinelli,
Milano 1995.
Per gentile concessione dell'editore.
Edith Wharton, *Lettere a Morton Fullerton*,
a cura di Marina Premoli, edizioni Archinto, Milano 1990.
Per gentile concessione dell'editore.

L'Editore ringrazia tutti coloro che hanno collaborato,
e rimane a disposizione degli eventuali aventi diritto
con i quali non è stato oggettivamente possibile comunicare.

Prima edizione HarperCollins
gennaio 2023

MISTO
Carta da fonti gestite
in maniera responsabile
FSC® C005461

Questo libro è prodotto con carta FSC certificata e da fonti controllate con un sistema
di controllo di parte terza indipendente per garantire una gestione forestale responsabile.

Ma sei sicura che quella è tua madre?

Me lo disse anni fa un amico con il quale stavo guardando certe vecchie foto recuperate un po' casualmente da una cugina. Certo, ero sicura che quella fosse mia madre, era la prima foto che ci ritraeva insieme, se ce n'erano di precedenti si erano perse. Però l'amico non aveva torto. Nell'immagine una bimbetta su una spiaggia stava cercando di fare un passo, evidentemente uno dei primi della sua vita, ed ero io, e accanto, seduta per terra con la schiena appoggiata a un muretto, una ragazza sorridente, anzi più che sorridente, una ragazza in costume da bagno che la guardava ridendo. Sembrava che stesse giocando con un cucciolo di cane o di gatto, non con la figlia lungamente desiderata e attesa che, non del tutto ingiustificatamente, aveva mostrato una certa riluttanza a venire al mondo.

In effetti anche per me non era facile collegare quella ragazza, che non avevo mai visto, all'immagine di mia madre, perché le foto della sua giovinezza sono molto diverse l'una dall'altra. In un'immagine di pochissimo tempo dopo mia madre Bianca era piuttosto cambiata: una donna, non più la ragazza della fotografia. Ma in altre foto, di poco successive, ritornava la ragazza ridente, dallo sguardo allegro. Come se nel corso degli anni la sua immagine seguisse una cronologia particolare, ringiovanendo o invecchiando a seconda delle situazioni della vita. Oppure la spiegazione è un'altra, come disse a Etty Hillesum l'uomo di cui era perdutamente ma bizzarramente innamorata, Julius Spier: l'anima ha una sua età, che non coincide necessariamente con quella del corpo. Intendeva per la verità che l'anima ha una sua propria età, che resta immobile nel tempo. Cioè un ragazzo diciottenne può avere un'anima ottantenne, una donna novantenne può avere un'anima ventenne (conosco entrambi i casi). Spier lo diceva a Etty anche per colmare i venticinque anni di differenza che c'erano fra loro, non troppi ma accentuati dalla gravità sacerdotale di lui e dalla quasi adolescenziale voglia di vita e di amore di lei.

Ma torniamo alle immagini. Cosa caratterizzava la figura femminile di quella prima foto materna, la ragazza sulla spiaggia? Direi la spensieratezza.

So per certo che la giovinezza di mia madre non era stata per nulla spensierata, in primo luogo perché per buona parte aveva coinciso con la guerra. Io ero nata dopo, senza bombe alleate o nazisti in circolazione, ma anche quegli anni postbellici, prima che scoppiasse il famoso boom, non erano certo stati facili. Però se c'è un carattere della giovinezza difficilmente contestabile è che, in genere, è una stagione infelice e spensierata. Così è stata di sicuro la mia; quanto a Etty, si può dire la stessa cosa: la ragazza di una buona e colta borghesia ebraica, laica e aperta, che a diciott'anni se ne va di casa per frequentare l'università e si destreggia con disinvoltura tra amici e fidanzati in un milieu sociale – alla metà degli anni Trenta olandesi – accogliente e sicuro. Non ha preoccupazioni, non è povera, non ha malattie, in più gode di un'ampia libertà di azione, ma non è felice, come qualche anno dopo registrerà meticolosamente quel libro mastro dell'economia della vita rappresentato dal suo diario.

Quel diario lo lessi per la prima volta quando uscì in lingua italiana nel 1985, e se non credo che un libro possa cambiare la vita, credo però che possa cambiare qualcosa dentro di noi: così mi è accaduto con la storia di questa ragazza vissuta e morta parecchi anni prima della mia nascita, in circostanze tanto lontane da quelle della mia vita che ogni paragone sarebbe azzardato. Eppure lei e la sua storia si sono impresse dentro di me in modo indelebile, e ogni volta che riprendo il suo libro in mano sento quella stessa vicinanza, una sorprendente intimità tra noi. Nel 1985 la mia giovinezza – spensierata e pensierosa, felice e infelice, fiduciosa e disperata, in cui dubbi devastanti e certezze luminose si mescolavano malamente come in una maionese non riuscita – si era ormai conclusa, e se qualcuno mi avesse chiesto di raccontargliela non avrei saputo cosa dire. Ero molto confusa: frammenti che non mi sembrava formassero un insieme, un intreccio di passioni nella strada tortuosa che si cerca di inseguire per arrivare a noi stessi. Poi lessi il diario di Etty. Non *de te fabula narratur*, "il racconto parla di te", come dicevano gli antichi, ma *a te* parla il racconto. Proprio a te, nella tua confusa individualità. Certo, non le ultime pagine della vicenda di questa ragazza che a ventinove anni muore ad Auschwitz, dopo essersi prodigata sino all'ultimo per i suoi compagni di sofferenza: lì un muro si erge fra noi, tutto mi intimidisce e suscita il mio ammirato sgomento. Invece la trama della giovinezza srotolata dal suo acuminato e irrequieto intelletto d'amore era qualcosa che risuonava nel profondo, qualcosa di me che non avrei saputo dire con maggior precisione, parole che mettevano in forma i pensieri non pensati, quelli che stanno acquattati nel fondo dell'anima senza riuscire a venir fuori.

Certe frasi di questa inaspettata amica inquieta che veniva da lontano non le avrei più dimenticate: "E sii pure triste, semplicemente e sinceramente triste, ma non costruirci sopra dei drammi"; "Mi sto gradualmente abituando a me stessa"; "E se tu dai tanta importanza a te stessa, ti agiti e fai chiasso, allora ti sfugge quella grande, potente, ed eterna corrente, che è appunto la vita". Ma non erano solo le sue frasi precise come un laser ad afferrarmi mentre leggevo, era il suo continuo ascolto di sé, la continua attenzione all'anima nella sua irriducibile individualità, nelle sue esperienze concrete di emozioni e pensieri, nel groviglio delle sue contraddizioni, nel suo sussultante rapporto con il mondo. Era l'insegnamento di un ascolto di sé spregiudicato, irriverente, tanto più straordinario nell'epoca in cui avveniva, dove la morsa della Storia incarnata nell'orrore nazista voleva togliere ai perseguitati, come l'ebrea Etty, persino la possibilità di pronunciare la parola io. Cuore pensante di sé stessa prima di essere, come è stata conosciuta, il "cuore pensante della baracca" nel terribile campo di concentramento dove ha aspettato la morte, la ragazza Hillesum nei suoi eterni vent'anni è stata, e resta per me, la perfetta maestra della giovinezza: quella concentrata e conclusa in una breve età, ma anche quella che, con l'esercizio dell'attenzione, bisogna sforzarsi di conservare nel cuore perché la vita sia, come lei diceva con la sua fiducia nel valore della contraddizione, "una lotta di minuto in minuto, ma una lotta invitante".

C'è un'altra ragione di vicinanza tra noi: Etty era contraddittoria, come racconta, anche nella felicità e infelicità del suo stesso corpo di donna e persino nel volto. Torno ancora alle fotografie, alle sue, che mi sono rimaste impresse come le immagini di un album di famiglia. Sulle copertine della prima edizione del *Diario* e delle *Lettere*, edizioni non integrali uscite a cinque anni di distanza, 1985 e 1990, ci sono immagini che sembrano di due persone diverse. In quella del *Diario* un giovanissimo volto guarda l'obiettivo con aria un po' sognante un po' perplessa, il mento poggiato su una mano nella tipica posa dei malinconici. Tra le dita una sigaretta di cui si scorge una cospicua punta incenerita, occhi spalancati e distratti di chi si domanda, come accade a vent'anni, che cosa ci chiede il mondo e che cosa chiedere al mondo. Però il viso è liscio e tondo come quello di una bambina. Sulla copertina delle *Lettere* c'è invece il volto di una donna adulta, che, sebbene più bella, sembra aver perso ogni giovanile leggerezza: la testa è chinata verso il basso, l'ovale si è affinato, al collo una collana di perle nere che contribuisce a scurire una fisionomia già ombrosa. Poi, nelle successive edizioni integrali delle due opere ci sono dei piccoli album di immagini dove infelicità e spensieratezza, freschezza giovanile e seria maturità si contrastano e si rincorrono.

Non ho molte foto della mia adolescenza e giovinezza, allora non si usava fotografare i momenti di intimità o i momenti qualsiasi della giornata come facciamo oggi con i cellulari. La macchina fotografica era in genere riservata a occasioni particolari o addirittura speciali, per esempio foto di classe, alle quali si aggiungono quelle scattate durante le gite scolastiche, in cui abbondano smorfie e sberleffi per la timidezza, per la gioia di essere insieme con gli altri ragazzini fuori dall'aula scolastica, e per la paura della propria immagine che nell'adolescenza è particolarmente tormentosa. Ogni tanto sbucano e si materializzano sgarbatamente davanti ai miei occhi altre allarmanti foto di quel periodo. Una orribile, di proprietà di mio fratello, che ho pregato più volte – invano – di distruggere, una fotografia che mia madre, spinta da chissà quale demone masochistico, o forse da un'incauta volontà di ottimismo, volle fare della sua famigliola: lei stessa e noi due figli molto distanti di età in un momento particolarmente difficile della sua vita. L'immagine, come un crudele sismografo, rivela tutta la difficoltà che stavamo vivendo, malgrado i sorrisi con cui cercavamo di nasconderla. Mia madre sembra un'eroina che ha deciso di affrontare coraggiosamente – un'espressione quasi lieta e serena in volto – il patibolo che l'aspetta. Mio fratello, il più carino, guarda l'obiettivo come un animale imprigionato che sta cercando dentro al proprio istinto il modo di fuggire. Quanto a me sono la peggiore del gruppo, una cocente infelicità rivelata da tutti i tratti che dovrebbero atteggiarsi a sorriso e invece dichiarano una insofferenza alla realtà, che poi è l'unico sentimento che ricordo di allora. Anche il corpo manifesta il suo disagio, come succede in quegli anni di passaggio, nei quali la persona fisica reagisce allargandosi o allungandosi sgraziatamente a tutte le spinte ingestibili che la vita riversa su un'anima onnivora non in grado di ordinarle, e sul viso occhi naso bocca non sembrano ancora aver trovato il loro posto definitivo.

Anche nelle foto dell'adolescenza di Etty si vede qualcosa di simile: in una con i genitori e i fratelli ha una espressione composta che nasconde la tristezza che quel suo nucleo di affetti primari le ispirava; è più distesa all'aria aperta su un campo da tennis con gli amici; è cupa e contratta in una foto del ginnasio, mentre in un ritratto ravvicinato del 1930 – ha sedici anni – sembra una scugnizza, beffarda e disperata davanti al mondo, al quale non cerca affatto di apparire graziosa e seducente. L'aspetto cambia dai vent'anni in poi, ma, come ho detto, ogni volta sembra una persona diversa: ancora una adolescente, per esempio quando sorride accanto all'amica Leonie, oppure una donna ormai integrata al proprio destino.

Destino è una parola importante per Etty, ma più importante è anima. E ancora più significativa delle due quella che compare in due momenti chiave del diario: la parola forma. Etty è in lotta per trovare la sua forma, esattamente quel lungo e faticosissimo apprendistato di sé che io ho riconosciuto nei miei vent'anni leggendo le pagine di questa ragazza olandese dalla vita così breve e così risplendente. Una forma che tutto sommato desidera rivelarsi anche all'esterno, non solo *in interiore hominis*, espressione di cui non esiste un corrispettivo al femminile perché *in saecula saeculorum* evidentemente si è pensato, con pessimi risultati, che l'interiorità fosse una caratteristica solo maschile. E purtroppo sembrerebbe che l'abbiano pensato anche molte donne, ricordo certe compagne di scuola che erano ragazze simpatiche e vivaci, ma ossessivamente attaccate, senza saperlo, a quella non sempre lieve catena della seduzione fatta solo di abiti, trucco e messa in piega. Niente di più lontano da Etty: stranamente i suoi vestiti, in quei lontani anni Trenta, non sembrano dissimili da quelli che portavo io alle superiori alla metà degli anni Sessanta, prima che l'abbigliamento cambiasse drasticamente e il vestirsi diventasse un allegro travestirsi, tra gonne che si accorciavano e allungavano smisuratamente, tanto che persino miti ragazze di famiglia, sul finire del decennio, potevano trasformarsi in provvisorie figlie dei fiori grazie a una camicia o a certi sgangherati pantaloni. L'abbigliamento di Etty era quello che si è conservato, con svariati aggiustamenti ma lontano dai dettami dell'eleganza e dalle mode degli atelier, per buona parte del secolo della modernità: un alternarsi neanche troppo vario di gonne e pullover, uno stile casual prima che fosse definito tale. Ma in fondo neanche troppo casual: quella divisa – le foto lo dimostrano – seguiva l'estro comune a certe ragazze dalla giovinezza simile, abitata cioè dalle potenti forze dello studio, dell'amore e dalla fame di esperienze, con tutti i piaceri e con tutte le sofferenze che nelle creature più sensibili l'anima riversa sbadatamente sul corpo, mal di testa, mal di stomaco, improvvise e inspiegabili febbriciattole.

Tutti quei mali che, combattuti a lungo con inutili e autodistruttive dosi di aspirina, spinsero la signorina Hillesum, già laureata in Giurisprudenza ma in attesa di un nuovo diploma in Lettere slave, a bussare una mattina alla porta di Julius Spier.

Julius Spier non era né bello né giovane né ricco, ma piaceva alle donne. Da quello che capisco dai racconti di Etty non era lui a prendere l'iniziativa, ma non scoraggiava del tutto le sue ammiratrici. Forse quando era arrivato ad Amsterdam, nel 1939, a cinquantadue anni, era stanco, avendo già diverse vite alle spalle. Era nato a Francoforte sul Meno il 25 aprile 1887, dunque sotto il segno del Toro governato da Venere, che lo predispone a una sensualità gentile, più simile a quella delle donne che a quella dei maschi. Non era un uomo fortunato: da ragazzo voleva fare il cantante, ma un malanno alla gola aveva interdetto la sua vocazione, anche se poi non si era allontanato dal canto e anche nelle serate olandesi arcuava la voce nei più celebri e seducenti lieder romantici tedeschi. A malincuore aveva cominciato a lavorare in banca, mentre a poco a poco una nuova passione si era fatta strada in lui: la lettura della mano. Come qualcuno che cerca di decifrare la mappa scolorita e confusa di un tesoro, Spier scrutava quella strana segnaletica sempre simile e sempre diversa da persona a persona, cercandovi la chiave per arrivare alle controverse ricchezze dell'anima umana. Ma restava un uomo inquieto, e viaggiò fino a Zurigo per raccontare la sua inquietudine al collega ribelle di Sigmund Freud nell'inedito sapere psicoanalitico. Carl Gustav Jung amava tutto ciò che legava la sua nuova scienza alle più antiche tradizioni e mitologie, e la lettura delle mani non lo sconcertava come invece avrebbe sconcertato il collega viennese, dunque benedisse la passione di Spier e con lui decretò la nascita di una nuova disciplina: la psicochirologia. La mano, la sua fragile materia, quella strana simbologia che porta inscritta sul palmo, poteva essere una possibile strada per l'interno, l'oscuro retroterra dell'inconscio che andava disseppellito.

Negli studi e nelle biografie dedicati a Etty, anche in quelli più attenti che non contrabbandano il suo sacrificio finale per una conversione e abiura degli errori di gioventù, ho sempre avvertito una certa malcelata avversione verso questo individuo. Del resto, nel diario lei stessa lo presenta con parole poco lusinghiere: ne descrive il volto come "plumbeo e rugoso", la statura "massiccia quasi taurina", "grossa bocca", "occhi vecchissimi", anche se poi immediatamente si smentisce e quell'uomo che un momento prima le era apparso "pericoloso" subito dopo risulta "incantevole", gli occhi "vecchissimi" diventano "meravigliosi" ("li avrei baciati volentieri"). Lo trova "disgustoso, sensuale, un po' cinico" e allo stesso tempo "diverso". Poi la conclusione: "Sono come seppellita sotto quella grossa personalità e non riesco a liberarmene". Spier, quando quella ragazza dai capelli e dall'anima arruffata gli si presentò, non poteva immaginare che sarebbe rimasto nella storia della cultura europea soprattutto grazie a lei. Né lei poteva immaginare che quell'individuo a prima vista indecifrabile, un po' repulsivo un po' attraente, sarebbe riuscito a sciogliere il "gomitolo aggrovigliato" in cui sentiva imprigionato il suo cuore guidandola, come un emissario del cielo, un arcangelo senza spada ma con le parole giuste, verso l'incontro non solo con il mondo che le sfuggiva di mano, ma anche con sé stessa.

Nel loro legame, però, non c'è niente di idilliaco, anche prima che la crudeltà della Storia cominciasse a infierire. È e rimane un amore controverso, contraddittorio, e credo sia questo a suscitare la larvata diffidenza dei biografi di Etty. Ogni tanto nel vasto palinsesto della letteratura compare qualche donna straordinaria persa in amori difficili, impossibili o sbagliati. Per restare al Novecento penso alle storie di due grandi scrittrici, Katherine Mansfield e Edith Wharton.

Katherine era arrivata nel 1903 in Inghilterra dalla Nuova Zelanda, dove era nata in una severa famiglia borghese nel 1888, per cercare la propria strada, che ben presto si sarebbe rivelata un intreccio di talento e passioni disordinate: una di quelle esistenze complicate tra ribellione, desiderio d'amore, vocazione personale che avrebbe abitato molte donne inquiete del Novecento. Dopo relazioni tempestose maschili e femminili e un primo catastrofico matrimonio durato un giorno, si era legata a un coetaneo di belle speranze e molto intraprendente, e dopo cinque anni di un fidanzamento faticoso come un'escursione in una scura foresta tropicale, l'aveva sposato nel 1918. John Middleton Murry, bell'aspetto e tranquillo sorriso di seduttore sicuro delle proprie armi di conquista, l'aiutò a pubblicare i primi racconti, ma il matrimonio non fu meno tormentato della loro precedente relazione. Perseguitata dalla tubercolosi, che l'avrebbe portata a morire a soli trentacinque anni, Katherine scrisse delle parole sul dolore che rivelano pensieri affini a quelli di Etty: "È necessario sottomettersi. Non opporre resistenza. Ospitare il dolore. Accettarlo pienamente. Farne parte della propria vita [...] Nella vita, qualunque cosa venga accettata, subisce poi un cambiamento".

Katherine amava molto Čechov e lo considerava un ispiratore, ma c'è nella sua scrittura una vibrazione diversa dal pathos struggente e impassibile dello scrittore russo. Quando cominciai a leggerla mi innamorai di una sua piccola storia intitolata *La lezione di canto*, protagonista una certa Miss Meadows, una insegnante in genere vivace e gioiosa, che invece incontriamo all'inizio del breve racconto mentre percorre i freddi corridoi che portano alla sala da musica "con la disperazione – una gelida, acuta disperazione – conficcata nel cuore come un gelido coltello". La lezione con le ragazze è un disastro, anche perché Miss Meadows impone alle allieve stupefatte una terribile composizione intitolata *Lamento*, di cui "ogni nota era un sospiro, un singhiozzo, un gemito di atroce tristezza". Grazie a un montaggio narrativo che segue un po' il canto lugubre un po' il cuore devastato della protagonista, veniamo a sapere che la ragione di tanta tristezza è una lettera appena ricevuta in cui il suo promesso sposo le confessa di non sentirsi pronto al matrimonio e annulla l'attesissimo evento. Le note e le voci si fanno sempre più singultanti fino a che Miss Meadows viene chiamata in direzione perché è arrivato un telegramma a suo nome... È il fidanzato che si scusa della sciocca lettera e torna a offrirle il suo amore e la promessa matrimoniale. La ragazza rientra a precipizio in classe e fa aprire il libro delle melodie su un'altra pagina: *Qui oggi veniamo cariche di fiori, ceste di frutta e nastri colorati*, dice la canzone, e Miss Meadows incalza le allieve: "Questo bisogna cantarlo con calore, con allegria, con entusiasmo".

Ma la ragione di tanta gioia non è il matrimonio all'orizzonte, un eventuale "e vissero felici e contenti", dopotutto il mutevole fidanzato potrebbe avere un altro ripensamento. È che per Katherine Mansfield, come più tardi per Etty Hillesum, quando canta l'amore è tutta un'altra musica. È la pienezza del cuore che apre l'anima all'incontro con sé stessi. Per questo, in fondo, importa poco se l'amore è felice o infelice, giusto o sbagliato.

Sembra alla ricerca di un nuovo patto con sé stessa anche Edith Wharton quando incontra Morton Fullerton a Parigi, di pochi anni più giovane di lei, che è nata in una ricca famiglia del New England nel 1862. È un uomo dall'aspetto e dai modi affascinanti, fa il giornalista in Europa, è apprezzato dalla società mondana e letteraria dell'inizio del Novecento, e sa conquistare allegramente e speditamente le donne. A Edith, che è ancora sposata infelicemente con Teddy Wharton, lo presenta nel 1906 Henry James. Poco dopo averlo incontrato annota nel suo diario di aver sentito per la prima volta una indescrivibile corrente comunicativa tra sé stessa e un uomo. Ha quarantasei anni, e di prime volte quella relazione gliene farà conoscere parecchie, come non teme di confessare nelle lettere che gli scrive: "Io che dominavo la vita, in realtà le vivevo fianco a fianco..."; "Il mio unico desiderio è stare con te, sentire le mie mani nelle tue..."; "Una sola ora così è sufficiente per irradiare una intera esistenza...". Le lettere crescono d'intensità e il trasporto si alterna a momenti di sofferenza di fronte all'"indifferenza" di lui. Ma Morton Fullerton, più che indifferente, era infedele e si giostrava disinvoltamente tra le sue ammiratrici, tra cui una fidanzata ufficiale frequentata negli stessi anni della storia con la scrittrice. Non c'è dubbio che l'*affair* sia costato molto dolore alla formale e apparentemente distaccata signora Wharton, ma quando tutto finì, tre anni dopo l'incontro, lei si ritirò in buon ordine e con buona educazione, pregandolo solo di restituirle le lettere che gli aveva inviato. Cosa che, ultima manifestazione di indifferenza, lui non fece, tanto che molti anni dopo sarebbero diventate il libro da cui ho ripreso le frasi citate, un piccolo esempio non solo della passione ma anche del cambiamento che la scrittrice sperimentò in questo improvviso, tardivo e bruciante faccia a faccia con l'amore. Che evidentemente fece bene anche alla sua narrativa: nel 1921 fu la prima donna a vincere il premio Pulitzer per la Letteratura con *L'età dell'innocenza*.

Con l'indiscrezione che caratterizza i lettori innamorati di un autore, sono stata contenta di avere tra le mani quel libricino in cui la scrittrice appariva diversa, più interessante della gentildonna manierata della *upper class* di New York e dei più eleganti faubourg di Parigi. E interessante mi è parso che per queste donne del Novecento, in cerca di un diverso modo di stare al mondo, l'amore sia stato spesso una discesa agli inferi per ritrovare non le anime dei trapassati ma la propria, seppellita dagli atavici obblighi di una buona creanza femminile.

Julius Spier non era un avventuriero come i faticosi compagni di Katherine Mansfield e Edith Wharton, ma per Etty Hillesum fu ugualmente un amore difficile, che la mise alla prova della realtà. Lui ne era consapevole, e consapevolmente si assunse quel ruolo che gli antichi attribuivano al dio Ermes, dio ambiguo, dai molti poteri, dio dell'astuzia e del latrocinio, ma anche colui che indica il cammino, che prepara i passaggi e conduce le anime alla loro meta.

Ventisette. Gli anni di Etty quando conosce Spier.

Se ha ragione Spier a sostenere che l'anima ha una sua propria età stabile nel corso del tempo, ventisette anni è l'età che attribuisco alla mia, di anima. Un anno, il mio ventisettesimo, che fu catastrofico e inaugurale: un nuovo incontro, per nulla destinato ad armonizzarmi la vita, una frattura all'orizzonte, l'ordine del passato che si infrange e in prospettiva solo incertezze. Separazione coniugale, una nuova casa in solitudine (per fortuna bellissima, quaranta metri quadri spersi sui tetti di Roma), e, come un nemico che avanza, un amore promettente e minaccioso. Anche per Etty i ventisette anni sono un'età di frontiera. È alla fine del 1941 che comincia a percorrere regolarmente un tragitto che sarà il suo viaggio quotidiano verso quella misteriosa casa interiore che il misterioso uomo venuto da Berlino deve insegnarle ad abitare. Lei adora quel piccolo cammino quotidiano che compie inforcando la sua bicicletta come fosse un cavallo pronto al galoppo. Casa sua, la casa in cui alloggia ad Amsterdam, è sulla Gabriël Metsustraat, quella di lui sulla Courbetstraat.

Gabriël Metsu era un pittore olandese del Seicento noto soprattutto per tenui immagini di interni domestici, dove donne quiete svolgevano sotto una luce benigna la loro vita. Il pittore che dava il nome alla via di Spier era il celebre maestro dell'Ottocento francese, che coglieva con decisivi tratti la realtà nei suoi momenti più significativi, un funerale, la fatica del lavoro, ma anche nelle più nascoste intimità, come in uno dei quadri più scandalosi del tempo, cioè *L'Origine du monde*, primo piano di un sesso femminile che persino un intellettuale spregiudicato come lo psicoanalista francese Jacques Lacan, suo ultimo proprietario, teneva dietro una porta al riparo degli occhi dei visitatori. L'interno della casa sulla Metsustraat era abbastanza quieto, ed Etty vi era ospitata dal 1937 in cambio di mansioni da governante o piuttosto sovrintendente affettuosa della piccola comunità che vi alloggiava: il proprietario Han Wegerif, un sessantenne che si occupava di affari contabili, suo figlio Hans, studente di Economia, la domestica tedesca Käthe, "cristiana di origini contadine" che "la studentessa ebrea" (così si definisce) considera "una buona seconda madre" e uno studente di Chimica socialdemocratico, Bernard Meyling, che la presentò a Spier. In questa casa Etty aveva il privilegio di quella stanza tutta per sé, che secondo il famoso saggio di Virginia Woolf è il primo requisito di una donna che voglia scrivere. Virginia non aveva del tutto ragione, Etty continuerà a scrivere anche quando la brutalità dei tempi la strapperà a quel suo amato rifugio, ma quella camera silenziosa, che si apriva verso la piazza del Rijksmuseum, protetta da un albero amico ("L'albero è sempre lì, l'albero che potrebbe scrivere la mia biografia") e da un gelsomino che combatteva contro le intemperie come il cuore della ragazza combatteva contro le tempeste della vita, sempre rifiorendo fuori o dentro quell'organo molto potente e molto fragile ("Il gelsomino dietro casa è completamente sciupato dalla pioggia e dalle tempeste [...] Ma da qualche parte dentro di me esso continua a fiorire indisturbato, esuberante e tenero"), era la sua fortezza personale.

Alla scrivania, con la sua grande superficie scura, si sente come su un'isola deserta. Anzi quella scrivania, sempre disordinata e fitta di oggetti, appare ai suoi occhi simile "al mondo nel primo giorno della creazione". Ci sono fiori che esplodono o appassiscono languidamente – rose tee, gigli giapponesi, un geranio –, alle spalle la figuretta di una ragazza marocchina, silenziosa e amatissima custode dei suoi viaggi da ferma, e poi i compagni di avventura, un'armata che procede in ordine sparso ma senza perdere la meta: sant'Agostino con le *Confessioni*, la Bibbia, il Vangelo di Matteo, le grammatiche russe e i dizionari, vari testi di Rainer Maria Rilke che la incanta e le parla e la guida con parole in prosa e in poesia, e tanti scritti di Carl Gustav Jung che Spier le ha fatto conoscere, tutte sacre scritture, non solo Antico e Nuovo Testamento, circondate da tanti piccoli taccuini coperti dalla sua grafia minuta di non facile decifrazione, che sono come la materializzazione dei battiti del suo cuore.

Quella casa è un porto, e lo rimarrà fino alla fine, fino a quando non le sarà più concesso muoversi dal campo di concentramento di Westerbork. Il capitano è Pa Han, come lo chiama, di cui è diventata non soltanto la governante. È un uomo che persino in fotografia appare placido, sicuro come un vecchio lupo di mare, attento ma non troppo, possessivo nei confronti di quella ragazza che talvolta divide le notti con lui ma di giorno passa molte ore a scrivere, come se precipitasse in un privato paese delle meraviglie cui nessun altro ha accesso. Un paese nel quale regna indisturbato l'uomo della Courbetstraat.

Spier era arrivato ad Amsterdam con un bagaglio sentimentale impegnativo: una moglie da cui si era separato, due figli, e una giovane fidanzata, Hertha Levi, che ha intenzione di sposare quando il destino li farà ricongiungere. La ragazza, scappando come lui dalla Germania nazista, è approdata a Londra: il mare li separa, ma il loro progetto sentimentale non è cambiato. Etty lo sa, eppure ingaggia con lui una di quelle lotte amorose in cui cercando l'altro si cerca sé stessi. Non vuole strapparlo a lei – o dichiara di non volerlo. Ma vuole spazio per il suo amore. Succede, può succedere, se c'è una premessa interna: la decisione di vivere a modo proprio, di vivere soprattutto una diversa giovinezza femminile, di diventare donna in modo diverso dalle generazioni precedenti, inventarsi un modo sperimentale di essere una ragazza, di essere una ragazza inedita. È un'onda di cambiamento che attraversa il "continente nero della femminilità" – così Freud – per tutto il Novecento. Adolescenti femmine che dopo la tempesta della pubertà vogliono costruirsi un destino a misura di sé stesse. Allora, come per Etty, il problema è incontrare sé stesse.

Etty descrive con affetto la sua stanza: un vecchio divano con un vecchio plaid blu buttato sopra, la scrivania caotica, la sua vestaglia a righe abbandonata su una sedia, un'accozzaglia di souvenir e immagini che sono compagni discreti e punti di riferimento dello sguardo mentre la mente cerca i propri pensieri. Mi ha ricordato la mia stanza negli anni delle superiori e durante l'università. Una scrivania e un armadio di legno scuro di un goffo e familiare stile finto rinascimentale, un letto in un angolo e librerie incassate sotto le due finestre con i miei libri personali, soprattutto romanzi, e fuori intrecci di rami solidali con gli occhi che si distraevano spesso. Su una parete qualcosa di simile alla ragazza marocchina che Etty cita spesso nel diario, sua muta compagna di stanza: un poster o forse un ritaglio di una grande foto di giornale con gli atleti statunitensi neri Tommie Smith e John Carlos, i velocisti che alle Olimpiadi di Città del Messico nel 1968 erano arrivati primo e terzo nei duecento metri, colti dal fotografo sul podio della vittoria mentre alzano, come fecero all'inizio dell'inno americano, il pugno guantato di nero e abbassano la testa, una delle foto più famose del Novecento che io amavo non solo per empatia verso la lotta degli afroamericani ma per quella carica, espressa con tanta forza estetica di desiderio di libertà e di rispetto. Come la mia, quella di Etty era una stanza-mondo, dalla quale stringere e allentare il patto con la realtà, inventare strategie di cambiamento rispetto al retaggio famigliare e naturalmente fantasticare sull'amore, come dovrebbe essere e come è. O come non si vuole che sia.

Prendere la distanza dalle cose di prima – i genitori, la storia famigliare – è un costante sotterraneo combattimento per le ragazze che aspirano a vincere la lotteria della libertà. Nel caso che mi riguarda una strada difficile, perché la mia non era certo una famiglia tradizionale che si poteva contestare tradizionalmente: mia madre era una donna complicata e anticonformista, dal volto doppio come quello di una divinità arcaica, talvolta infinitamente amoroso e accogliente, talvolta (ma spesso senza soluzione di continuità) terribile e punitivo. Quanto a mio padre, semplicemente non c'era, era lontano in una lontananza che all'inizio era geografica e poi sarebbe diventata psicologica. Tutta diversa ma non meno difficile la situazione famigliare di Etty e la sua lotta con il passato e con la figura dei suoi genitori, due esseri umani accostati, nella loro vistosa diversità, da qualche indecifrabile arabesco del destino. Dalla casa paterna, che da quando aveva dieci anni si trovava nella cittadina di Deventer, se ne andò a diciott'anni dopo aver conseguito il diploma nella scuola di cui suo padre era preside. Mentre frequentava i corsi di Giurisprudenza, laureandosi poi nel 1939, e intanto frequentando quelli di Lingua e Letteratura russa, aveva girovagato per vari alloggi per approdare poi nel '37 alla casa sulla Metsustraat. Anche Spier, fuggendo da Berlino per un po' aveva cambiato sistemazione, poi aveva trovato due piccole stanze in affitto presso la gentile famiglia Nethe. Qui praticava la sua arte di psicochirologo, ottenendo presto una certa fama tra i borghesi colti di Amsterdam, donne soprattutto, spesso invaghite di lui. Quando le restrizioni alimentari diverranno terribili sotto il giogo dell'occupante tedesco, saranno le appassionate dame di quello che Etty chiama il "circolo ariano", cioè un gruppo di pazienti non ebree, a fornirgli quotidianamente del cibo abbondante e talvolta prelibato, anche se non portatore di salvezza.

È un percorso da fiaba quello tra la stanza di Etty e le due camere di Spier: solo tre strade, un canale e un piccolo ponte li separano. Lei pedala in fretta e il vento, la neve, la pioggia, la luce esuberante della primavera nordica, o gli attesi tepori dell'estate, entrano nel sentimento che la lega a lui, in una beata comunione col creato, come capita nei momenti migliori della giovinezza.

Mal di testa frequente, nausea altrettanto frequente e un costante senso di malessere e stanchezza che le massicce dosi di aspirina che ingurgita non riescono a tenere a bada. È apparentemente per questi problemi che Etty segue il consiglio del coinquilino Bernard e decide di presentarsi alla Courbetstraat per consultare l'uomo arrivato da Berlino con la sua singolare scienza.

In realtà i disturbi fisici non c'entrano molto, i mali da consegnare a Spier sono altri: la "paura indefinita" che si porta dentro, l'irrequietezza che si agita in lei. È ormai storia vecchia: dai suoi primi anni di studio la notte passeggia per le strade buie, "le mani chiuse a pugno nelle tasche del giaccone, la testa profondamente incassata nel collo". Pensa ossessivamente che vuole lavorare, studiare, scrivere, amare. Ma questo pensiero è così persecutorio che l'affatica e la paralizza. Non paralizza però l'idea che, nonostante tutto, la vita "è una lotta invitante".

Un'immagine che si materializza in modo imprevisto al primo colloquio con Spier, che decide di valutarne le forze invitandola a lottare con lui. Il giorno prima Etty ha assistito a una sua conferenza con stupore, ammirazione e timore ("Ci ero andata unicamente per poterlo osservare da una certa distanza prima di affidarmi a lui con l'anima e tutto quanto. Buona impressione"). Spier è l'imprevisto che la sua tensione interiore aspetta. L'invito alla lotta non la spaventa, anzi, si scatena contro quell'individuo che le appare forte e grosso e che in fondo è un perfetto sconosciuto, e riesce a buttarlo a terra. L'uomo è immobile sotto di lei, e per un momento, solo per un momento, racconterà, Etty sente di cedere alla seduzione fisica che emana da lui. L'incontro si è tramutato in uno scontro, anche abbastanza violento se lui si tira in piedi con un labbro sanguinante. Lei glielo lava con qualche goccia di acqua di colonia. Lui decide di curarla, lei è pronta a offrirgli il proprio caos interiore.

"Per tutta la vita ho desiderato che qualcuno mi prendesse per mano e si occupasse di me" scrive. Spier le ha detto poche semplici parole, da maestro, da terapeuta: "Quel che c'è qui (e indicava la testa) deve finire qui (e indicava il cuore)", ma le sono bastate per sentirsi protetta ("Per un momento mi sono sentita al sicuro, trattenuta da quello sguardo"), come riassorbita nel cavo dei suoi occhi grigi, "limpidi e animaleschi", che nelle poche foto che rimangono di lui appaiono quasi trasparenti, persi in qualche pensiero incomunicabile e infinitamente malinconici. Forse è la sua malinconia che piace alle donne, molte signore del giro che frequentano le sedute di psicochirologia lo definiscono un "ladyman", un uomo da donne. Etty lo sa ma "è un cliché", commenta. Se è vero, lo è "nel senso che lui ha in sé qualcosa di femminile", qualcosa per cui le donne sono spinte a cercarlo. Spier, che lei nel diario chiama con la sola iniziale S, come se fosse il nome di un dio che non è lecito pronunciare per intero, è un groviglio di contraddizioni, temibili e irresistibili. È assorto e delicato mentre studia le mani dei suoi pazienti come una materia simbolica che, una volta svelata, scioglierà i nodi del carattere e le sofferenze. La sera, nelle soirée musicali, canta con voce armoniosa i lieder che ama, quelli di Schubert soprattutto, rendendo gentile l'ossuta lingua tedesca. Poi è austero, autorevole e talvolta brutale. Etty osserva e percepisce ogni minimo segno che arriva dall'universo delle due piccole stanze sulla Courbetstraat, le lievi vibrazioni della testa di lui china sullo scrittoio, il ramo di orchidee che s'incurva sopra il letto nella stanza in penombra dove dorme. Spier è da subito quello che rimarrà nel tempo decisivo del loro rapporto: "estraneo, eppure familiare, molto lontano e insieme molto vicino".

Estraneo e familiare, lontano e vicino: Etty lo sa da subito, lui è l'amore, con tutte le caratteristiche che il cuore, prima di conoscerlo, gli attribuisce. Qualcosa che ci possiede, ma non si può possedere. Come nei romanzi per signorine che la colta ragazza Hillesum disprezza. In quei romanzetti c'è spesso l'amore romantico, in genere impossibile, o l'amore non ricambiato, ancora più impossibile. Ci sono mille segnali, fin da subito, che Spier non possa ricambiare il suo amore, troppi anni pesanti sulle spalle, troppe relazioni nella memoria e, come un voto al futuro, il saldo proponimento, chissà dove chissà quando, di fare della fidanzata Hertha la sua legittima sposa. Ma Etty non è la protagonista di un romanzo rosa, il suo talento, la sua libertà mentale sono in azione anche nei momenti di smarrimento. Quell'amore sarà difficile, tormentoso, spesso frustrante ma non sarà un amore impossibile.

Molti anni dopo la sua morte, quando lei non è che un'ombra errante nel passato e invece la sua opera sarà diventata uno dei testi capitali del centro turbolento del Novecento, le amiche della giovinezza la ricordano come una ragazza insolita, capace di comprendere le vite degli altri, di penetrare negli intrecci dell'esistenza, vivace nel gruppo di giovani intellettuali appassionati di politica e di filosofia e letteratura che frequentava ad Amsterdam, e ancora prima tra i compagni di scuola a Deventer. Una di quelle amiche con cui si passano ore e ore a parlare in una comunione di sentimenti – vera o illusoria non importa – che nell'età adulta difficilmente ritorna. Io ne ricordo alcune nell'adolescenza e prima giovinezza con le quali era una festa passare interi pomeriggi in conversazioni interminabili invece di studiare, oppure in vacanza, in bilico su uno scoglio sotto un sole rovente e persino in acqua, nuotando, parole su parole, il cuore che si apre e ha sempre mille confessioni da fare, mille domande da porre. I ragazzi erano sportivi, il nostro sport erano le parole. Ripensandoci, allungando lo sguardo nel tempo, mi torna in mente l'euforia di quelle chiacchiere che aprivano una parentesi di emozione nella routine della giornata, ma non ricordo assolutamente, per quanto mi sforzi, il loro contenuto. Certo, la questione sentimentale avrà avuto una larga parte ma non solo, l'unica memoria che ne ho è quella di un incessante interrogatorio sull'esistenza, su come affrontarla, su come essere. Su come non essere soprattutto: le mie amiche del cuore, le poche rimaste nel ricordo, erano ragazze inquiete come Etty, che non sognavano né il classico cammino femminile di fidanzamento matrimonio famiglia e neppure, come sarebbe successo di lì a qualche anno, una precisa carriera, e sul loro essere femmine anziché maschi si ponevano molte domande, ma assai diverse da quelle che di lì a pochissimo avrebbe posto il femminismo.

Di amiche davvero intime ne ricordo due, molto diverse l'una dall'altra. La prima viveva a Napoli, la città di mio padre, che raggiungevo d'estate durante le vacanze scolastiche. C. abitava in una grande casa piuttosto lussuosa su due piani, con un'ampia terrazza inondata dalla luce azzurra del cielo marino e piena di voci allegre e litigiose, quelle del fratello e della sorella, bellissimi (mentre lei era affascinante ma non bella), e di varie sorellastre (il padre era molto più vecchio della madre) che ogni tanto comparivano da mondi ignoti con le loro storie strampalate, naturalmente tutte a soggetto sentimentale. Anche lei era sempre occupata da intense storie d'amore, ma era spiritosa, tutto era romantico e insieme buffo, e leggeva molto. Cercava di spingermi a leggere Proust ma all'epoca quel libro enorme mi respingeva con una insofferenza tanto violenta quanto la passione che poco tempo dopo mi avrebbe avvinto alle sue pagine. Della letteratura non le importava niente, non le piaceva studiare, i libri però erano un'altra cosa, cioè vita vissuta, secondo una sua gerarchia che ignorava beatamente le categorie critiche. Accanto a Proust metteva un'autrice del cuore, Françoise Sagan, e si identificava molto con la ingenua e crudele adolescente seduttrice di *Bonjour tristesse*, così come si identificava con la perfida Albertine, o forse addirittura con l'insopportabile Odette de Crécy, la dama in rosa di Swann. L'altra, R., abitava in un appartamento romano un po' scuro e austero, in una famiglia severa come i mobili della casa, colta e perbene, e non era per niente una ragazza di buon carattere ma era intelligentissima, mi poneva in continuazione questioni filosofiche sul senso della vita a cui non sapevo rispondere, questioni che mi sembravano inutili astrazioni rispetto alla nostra colorata quotidianità, già piena di domande inevase, però l'ammiravo molto anche perché era biondissima e con gli occhi azzurrissimi, come le principesse nelle illustrazioni di un libro di fiabe.

Di un adulto che cambia continuamente umore si dice che è ciclotimico o addirittura bipolare, nelle stagioni della giovinezza invece è una situazione del tutto normale e ovvia, un continuo passaggio tra felicità e infelicità, in cerca della verità della vita; noi eravamo spaventate e insieme assolutamente convinte che da qualche parte nel futuro si annidassero la grazia e la comprensione. Di cosa parlavamo? Qual era il tenore dei nostri discorsi? Che frasi volavano appassionatamente tra noi? Non le ricordo ma dovevano essere molto simili a quelle che annota Etty sui suoi quaderni dopo l'incontro con Spier, quando inizia una ininterrotta conversazione con sé stessa di cui è la protagonista e l'antagonista. "Mi sento proprio come il piatto di un grammofono, qualcosa continua a graffiarmi con un ago appuntito"; "La vita è comunque bella, anche se mi sto tenendo pericolosamente in equilibrio tra depressione e caos": frasi di chi sta tenacemente attaccata non alle ragioni del cuore (il cuore ha davvero le sue ragioni, come pretende la frase che dalle austere riflessioni di Pascal è passata sul merchandising sentimentale?) ma alle sue esigenze, nonostante tutto e tutti. Forse è per questo che la ragazza Etty, nata molti anni prima di me e morta in modo atroce prima che io nascessi in un mondo infinitamente più accogliente del suo, mi è sembrata l'amica perfetta, la maestra di giovinezza che avrei voluto avere vicino in quegli anni in cui bene o male si decide la forma che prenderà la vita.

L'epoca è un assedio. Nella sua ricerca di verità Etty non era per nulla ignara o illusa sul tempo in cui le era toccato vivere. Con i suoi amici, all'università o la sera, in locali pieni di fumo e discussioni, parlano di quel che accade in Europa. La sconfitta dei repubblicani in Spagna e la vittoria del franchismo, il fascismo in Italia, dove nel 1938 sono state promulgate le leggi razziali, la terribile ascesa di Hitler in Germania, dove infuria ogni giorno più feroce la caccia agli ebrei. Infine, nel settembre del 1939, dopo che i nazisti hanno invaso la Polonia, lo scoppio della guerra. Ma l'assedio comincerà a sperimentarlo nella propria esistenza durante la funesta primavera del 1940. Per raccontarlo, basta una sequenza di date e di divieti, che suona come una interminabile maledizione.

Il 10 maggio 1940 l'esercito tedesco invade i Paesi Bassi dopo aver bombardato il porto di Rotterdam. La famiglia reale, con un corposo seguito di funzionari, si rifugia a Londra, dove dà vita a un governo in esilio che nulla può circa la sorte degli olandesi rimasti in patria. Subito dopo comincia l'occupazione nazista alle direttive di un criminale dalla brillante carriera, che si sarebbe arrestata solo con la sua condanna a morte dopo il processo di Norimberga. Arthur Seyss-Inquart, fedelissimo di Hitler, ha aperto nel 1938 le porte dell'Austria alla Wehrmacht per realizzare l'*Anschluss*, l'annessione del paese alla Germania, ricavandone onore e potere e, più tardi, l'alta nomina di Commissario del Reich nei Paesi Bassi, dove esercita il suo ruolo con tutta la spietatezza che ci si aspetta da lui. Dopo l'occupazione, nel febbraio del 1941 un episodio di resistenza per protestare contro le iniziative antisemite si conclude nel sangue e con una prima deportazione (alcune centinaia di giovani ebrei), cui ne seguiranno molte altre fino alla distruzione finale. Numerosi però tra gli olandesi sono i collaborazionisti e i delatori; alla fine della guerra, dei centoquarantamila ebrei che vivevano nei Paesi Bassi ne sono sopravvissuti solo trentamila.

La macchina della persecuzione si mette subito in moto dopo l'occupazione. Del settembre del 1940 è il divieto di nominare e promuovere ebrei nell'università;

a ottobre, diventa obbligatorio l'attestato di arianità; a novembre, si assiste al licenziamento degli ebrei da tutti i servizi amministrativi. Qualche protesta, del tutto inutile. Molti i suicidi tra i professori universitari, tra cui alcune conoscenze di Etty. Louis Hillesum, padre di Etty, preside del ginnasio di Deventer, è sollevato dal suo incarico il 29 novembre 1940. Dal 1941 la pioggia delle proibizioni si intensifica e diventa capillare. All'inizio dell'anno, quando Etty Hillesum conosce Julius Spier, è ormai chiaro che la devastazione dei "tempi scatenati", come lei li definirà, è cominciata.

Censimento della popolazione ebraica e dei "sangue misto", che a luglio si tradurrà con il contrassegno della lettera J nei documenti, preludio alla stella gialla (29 aprile 1942) da appuntare sul petto come il centro di un mirino.

"Gli ebrei devono portare la stella giudaica; gli ebrei devono consegnare le biciclette; gli ebrei non possono prendere il tram; gli ebrei non possono andare in auto, neanche se è di loro proprietà; gli ebrei non possono fare acquisti dalle 15 alle 17; gli ebrei possono andare solo dai parrucchieri ebrei; gli ebrei non possono uscire per strada dalle 20 alle 6 di mattina; gli ebrei non possono andare a teatro, al cinema, in altri luoghi di divertimento; gli ebrei non possono frequentare la piscina né i campi da tennis e di hockey e quelli per gli altri sport; gli ebrei non possono andare in barca; gli ebrei non possono praticare nessuno sport all'aperto; gli ebrei non possono trattenersi nel proprio giardino né quello di conoscenti dopo le otto di sera; gli ebrei non possono andare a casa dei cristiani; gli ebrei devono frequentare scuole ebraiche."

Anna Frank in questo elenco contenuto nelle prime pagine del suo celebre diario dimentica alcune cose, per esempio il divieto per gli ariani di avere personale di servizio ebreo, che mette Etty in difficoltà in quanto il suo ruolo ufficiale in casa Wegerif è quello di governante, e quello di frequentare parchi e giardini pubblici, che le toglie il piacere di passeggiare; e dimentica anche il difficile accesso al cibo. Del settembre del 1941 è il divieto di partecipazione ai mercati pubblici, e a partire dal giugno successivo agli ebrei sarà vietato acquistare frutta e verdura nei negozi. Naturalmente sono esclusi dalla Borsa e dalle aste, e i loro beni cominciano a essere censiti e requisiti. Inoltre a inizio del 1942 gli ebrei residenti in provincia sono obbligati a trasferirsi ad Amsterdam.

Il padre di Anna, Otto Frank, pensa di aver messo in salvo la famiglia in un rifugio segreto dietro una parete dell'ufficio della sua ditta, così come pensava di averla messa in salvo trasferendola nel 1933 dalla patria tedesca ormai in mano ai nazisti nella allora democratica

Olanda, ma non ha messo in conto il morbo della delazione che contagia anche le conoscenze più fidate: l'8 agosto del '44 Anna, che ha compiuto quindici anni il 12 giugno, e i suoi famigliari vengono strappati dal nascondiglio dalla polizia olandese che collabora volenterosamente con la Gestapo e imprigionati nel campo di Westerbork, che Etty ha lasciato per Auschwitz un anno prima. Pochi mesi dopo, tra febbraio e marzo del '45, la ragazzina muore a Bergen-Belsen. Le ultime parole le aveva scritte il primo agosto, un martedì: "... cerco un modo per diventare come vorrei tanto essere e come potrei essere se... nel mondo non ci fosse nessun altro".

Il diario di Anna, che ha avuto tante edizioni e revisioni da quando, nel 1947, il padre Otto, unico sopravvissuto della famiglia, decise di pubblicarlo, l'ho letto quando avevo la stessa età dell'autrice. Cioè quell'età in cui il mondo è un pianeta attraente e ostile, e ogni adolescente combatte la sua guerra privata per non essere come gli altri vorrebbero che fosse. L'ho letto con una totale empatia, con quella indistinzione tra le pagine e la vita che caratterizza le letture infantili e adolescenziali. Tanto più che è Anna stessa, riempiendo le pagine di quel quadernetto con la copertina di stoffa scozzese e la chiusura a scatto ricevuto per il suo tredicesimo compleanno – molto simile a quello che avevo ricevuto io per il mio undicesimo – a dargli il tono confidenziale di una chiacchiera con l'amica del cuore, in un'onda emotiva che è facile condividere, anche se lei è rintanata in pochi metri quadri e braccata dalle forze del male e tu te ne stai tranquillamente a casa e mediti sulle tue sofferenze mentre passeggi o sui banchi di scuola. Ripensandoci, quella lettura è stata per me una inconsapevole vaccinazione, qualcosa che nessun libro di testo o studio storico avrebbe potuto insegnarmi con tanta precisione e una volta per tutte: che cosa è stato il nazismo, che cosa è una dittatura, e soprattutto che cosa è stato ed è l'antisemitismo.

Tutto diverso il diario di Etty, sebbene i tempi scatenati siano gli stessi. Etty Hillesum è non soltanto un'adulta, è una ragazza colta che le sue battaglie per definire una qualche sua pure provvisoria identità fuori dalla famiglia le ha combattute e vinte. E sa molto bene cosa sta succedendo nel mondo di fuori, al di là dei divieti di cui pure Anna è al corrente. Nel marzo del '42, quando la famiglia Frank non ha ancora lasciato il proprio confortevole appartamento borghese per trasferirsi nel rifugio di Prinsengracht 263, Etty scrive: "Non possiamo farci molte illusioni. La vita diventerà molto dura e saremo di nuovo separati, tutti noi che ci vogliamo bene. Credo che quel tempo non sia più molto lontano. È sempre più necessario prepararci interiormente". Qualche mese dopo, verso le otto e mezzo di un caldo venerdì sera dell'inizio di luglio, annota: "Dobbiamo trovare posto per una nuova certezza: vogliono la nostra fine e il nostro annientamento...".

Ovviamente Etty, proprio come Anna, non poteva sapere che quanto lei percepiva ed esprimeva con la parola fine era stato accuratamente pianificato nel gennaio del 1942 nel sobborgo berlinese di Wannsee da quindici dei più importanti membri del partito nazista, lì convenuti per ideare l'attuazione della "soluzione finale" della questione ebraica, cioè quello che la ragazza Hillesum chiama annientamento. Se in Germania si stava già provvedendo bisognava darsi alacremente da fare anche nei paesi occupati. Per questo il campo di Westerbork, un insediamento di casupole a est del paese nella brughiera del Drenthe sferzata da venti violenti, costruito nel 1939 per ospitare gli ebrei in fuga dalla Germania e (forse) in procinto di partire per nuove destinazioni, soprattutto la Palestina, fu trasformato in campo di concentramento prima della deportazione. Due anni dopo l'occupazione nazista, nel luglio del 1942, il campo passò sotto il comando tedesco e di lì poco dopo partì il primo convoglio per lo sterminio, cui ne seguirono altri novantadue fino al 13 settembre 1944, ognuno carico di circa un migliaio di persone. Westerbork sarà l'ultimo domicilio di Etty prima della fine.

Nella loro diversità, però, c'è qualcosa che accomuna le due ragazze ebree mentre si raccontano nei loro diari: non possono resistere alla crudeltà della realtà né a quelli che vogliono toglier loro la vita, ma finché non gliela tolgono non rinunciano a vivere. Con quanto rimane ancora a loro disposizione: il pensiero, la parola, l'amore.

Non sono mai riuscita a tenere un diario, benché qualche volta l'avessi desiderato e in certi momenti di più pesante angoscia ci avessi anche provato. Ma scrivendo l'angoscia aumentava, invece di diminuire. Mi sembrava che solo le parole degli altri potessero dare un senso alle mie parole e ai miei sentimenti, che solo nella viva voce di un dialogo – una voce che potevo sentire anche nelle pagine di un libro amato – qualcosa delle paure più profonde dell'esistere si stemperasse. Oppure, al contrario, nel silenzio, il silenzio di una passeggiata o di una immobilità, meglio di fronte al mare, o nella vicinanza di qualche albero, anche visto non troppo da vicino come la magnolia che vedo dalla finestra di fronte alla scrivania dove lavoro.

Magnolia era il titolo di un film che ho molto amato, diretto proprio l'ultimo anno del secolo scorso dal regista americano Paul Thomas Anderson. La trama era un intreccio di storie, tutte ambientate nella San Fernando Valley, un sobborgo di Los Angeles, in un'unica giornata, con personaggi diversi e qualcosa che li lega alla base, come sono legate a un unico corto picciolo le foglie dell'albero della magnolia: storie di normale e anche anormale confusione esistenziale, tra la vita e la morte, tra l'ordine e il disordine che tutti sperimentiamo, certe volte un po' di più, certe volte fortunatamente un po' di meno. Oltre alla pioggia di rane alla fine del film, che quelli che l'hanno visto non possono dimenticare, un finale che ci ricorda che l'apocalisse fa parte della vita di ognuno e non è solo un evento mitologico e remoto, ma un'esperienza che sotto mentite spoglie prima o poi siamo costretti a sperimentare anche se il cielo non è solcato da nubi infuocate e non vi galoppano quattro spaventevoli cavalieri, oltre a quella scena memorabile, ricordo bene solo un'altra scena: è quando Julianne Moore nella parte di Linda, la moglie bellissima, corrotta e psicologicamente sgangherata di un miliardario ora morente, va in una farmacia a chiedere della morfina per lenire i dolori fisici del marito ma anche i dolori della sua anima tormentata. Il farmacista è la quintessenza del medico altezzoso e sprezzante che in genere tutti incontriamo prima o poi, specie quando più avremmo bisogno di aiuto. Lei chiede la sostanza tossica ma anche salvifica e l'altro la guarda disgustato da dietro il bancone domandandole, del resto legittimamente, la ricetta. Lei, che non ce l'ha, anziché intimidirsi gli dice con rabbia e disperazione: ma che ne sai tu della mia vita?

Già, che ne sanno gli altri della nostra vita. Questa loro ignoranza in certi momenti diventa insopportabile, come se dentro una farmacia, o per strada, oppure a casa nostra fossimo su un'isola deserta in cui nessuno può sentirci, nessuno, mai più. Julianne Moore è fantastica quando dice quella frase, che cito come la mia memoria l'ha trattenuta. Tutta la sua bellezza si è trasformata in una meravigliosa maschera tragica. Che ne sanno gli altri della nostra vita? Forse per questo si tiene un diario, perché sia un interlocutore e un testimone di quello che gli altri non vedono. O forse per questo, più in generale, si scrive.

Anche se quella del diario è una scrittura particolare. Quei deliziosi libretti con la copertina a fiori come il mio o di stoffa scozzese, con la serratura a scatto, che si apriva con una chiavetta che sembrava lo strumento di una fata in miniatura, nell'era predigitale venivano regalati solo alle femmine (così allora anche a scuola venivano chiamati gli alunni di sesso femminile), ma mai ai maschi, come se segreto e femminilità fossero due aspetti della medesima materia. In realtà, la tradizione del diario femminile come ricettacolo della vita nascosta delle ragazze continua ancora oggi nell'era digitale. Nei thriller, specie nelle serie televisive poliziesche di cui sono diventata esperta durante la pandemia, quando una ragazza scompare o viene assassinata i detective frugano nel computer ma vanno anche alla ricerca del diario... tanto che fu un grande successo, negli anni Novanta, *Il diario di Laura Palmer*, in cui si raccontavano, inventandoli, i retroscena della esplosiva serie di David Lynch *Twin Peaks*. Anche quando non avevano accesso all'editoria alle donne piaceva scrivere, ma la loro scrittura non poteva essere che privata, per questo ci sono dei meravigliosi epistolari femminili, come quello di Madame de Sévigné, la gentildonna francese che molto prima di Proust, alla metà del Seicento, in centinaia di lettere alla figlia raccontava un mondo di intrighi e passioni e buone e cattive abitudini sociali. Perché una scrittura privata, diario o lettere, può essere sfogo intimo ma anche cronaca mondana, cioè una possibilità di conversazione quando la conversazione è impossibile.

Ma fino a quanto è davvero privata, cioè destinata a rimanere segreta e occultata, questa particolare forma di scrittura? Gli storici dicono che la piccola Anna Frank decise che il suo diario non sarebbe stato più l'appassionata chiacchiera con un'amica immaginaria quando, nella primavera del 1944, sentì a Radio Orange, la radio libera olandese, il ministro dell'Educazione in esilio affermare che dopo la fine della guerra le testimonianze dei cittadini dei Paesi Bassi durante l'occupazione tedesca avrebbero dovuto essere raccolte e pubblicate per costituire un documento prezioso. Anna decise che dopo la guerra del proprio diario avrebbe fatto un libro, anche perché quella scrittura continua aveva fatto nascere in lei la figura di una possibile futura scrittrice. Cosa che in modo diverso successe anche a Etty Hillesum.

Tra i tanti diari scritti da donne del Novecento, molte delle quali attraverso quelle pagine alla ricerca di una nuova possibile fisionomia femminile, uno dei più conosciuti è quello di Virginia Woolf. La scrittrice più ammirata del Ventesimo secolo comincia a scrivere annotazioni fin da quando è una bambina, poi lascia e riprende nel 1915, a trentatré anni, ormai moglie di Leonard e dunque signora Woolf e non più Stephen. A quel punto però Virginia è già una scrittrice, il suo primo romanzo, *La crociera*, sta per essere pubblicato, e lei, che lo scriverà fino a pochi giorni prima del suicidio nel marzo del 1941, considera e continuerà a considerare il diario un allenamento. È convinta che lo scrivere così per sé sola sia un buon esercizio, sciolga i legamenti.

Ma questa affermazione non è del tutto vera, cioè non è vero che scrive per sé sola. Intanto Leonard ha accesso alle sue pagine e anche facoltà di aggiungere qualcosa, e lei stessa più avanti non lo considera più solo un esercizio: forse le servirà a scrivere le sue memorie arrivata all'età di sessant'anni (non ci arriverà: si suicida un anno prima); oppure, chissà, Leonard lo prenderà in mano e ne farà un libro. E in effetti, dopo la sua morte, sarà il fidatissimo marito a farne un libro, preoccupandosi però di trasformarlo, con tagli oculati, nel *Diario di una scrittrice* (questo il titolo) e non nel diario di una donna come, malgrado la stessa volontà di Virginia, in effetti era stato. Perché se all'inizio, col suo occhio allenato di figlia della migliore società britannica, era portata soprattutto alle descrizioni della natura, dei luoghi e delle *manners*, quelle maniere buone o cattive che tanta parte, Jane Austen insegna, hanno nella letteratura inglese, a un certo punto deve far posto all'intimità della propria anima, anche se verso la parola anima ha molte diffidenze. Pensa che l'anima sia qualcosa inventata dai romanzi russi, nel suo caso invece un'ospite inopportuna quando lei vorrebbe dedicarsi soprattutto al "sentimento del mondo reale e del suo canto", come del resto fa nei suoi meravigliosi romanzi.

Insomma, i fatti propri del diario potrebbero diventare fatti pubblici, e spesso proprio in questa oscillazione sta il fascino di queste scritture. Per esempio, nelle pagine woolfiane c'è uno strano episodio: quando Virginia decide di scrivere un libro dedicato all'amico Roger Fry, importante e innovativo critico d'arte, un comune amico, il celebre economista Maynard Keynes, le sconsiglia vivamente di accennare alle tentazioni omosessuali di Fry, consiglio che Virginia segue scrupolosamente, per poi, invece, parlarne nel diario, che già presentiva non sarebbe stato solo privato. Ma in fondo è la duplicità di ogni scrittore, anche quando non scrive diari: da un lato scrive per sé, per un proprio profondo e oscuro piacere, o una altrettanto oscura necessità di travasare la vita in parole, dall'altra non può non dirigersi a un lettore, un lettore sconosciuto che è il grande Altro di cui tutti fatalmente cerchiamo l'ascolto.

Virginia scandiva la sua scrittura secondo le ore della giornata. La mattina in genere era riservata ai romanzi, il pomeriggio ai saggi, e al diario quell'ora morta, dopo il tè e prima delle uscite serali, quando spesso siamo vittime di languore e disorientamento, l'ora dantesca che ai naviganti intenerisce il core... Ma anche a chi navigante non è, il crepuscolo fa sempre un certo effetto; sicuramente lo fa a me, un passaggio faticoso tra la luce e il buio anche se non ho preso il tè e non ho impegni serali. In questa ora incerta Virginia si rivolge al diario nella speranza che somigli al cassetto profondo di una vecchia scrivania, o a un ripostiglio spazioso, nel quale si gettano gli oggetti più disparati, senza nemmeno guardarli bene. E se cammin facendo fatalmente è costretta ad accettare le ondate della sua interiorità, quella scrittura serale è soprattutto protesa ad allenare la sua capacità di afferrare il mondo di fuori, perché quel che succede è che, come al solito, quando sta per scrivere dell'anima fa irruzione la vita.

Tutto il contrario per Etty Hillesum: il diario è il luogo dell'ascoltarsi dentro, il regno dell'anima e anche il luogo dell'amore. Perché è Julius Spier che le ha dato il compito di scriverlo: sarà un modo per sbrogliare il "gomitolo aggrovigliato" del suo cuore, lo spazio accogliente in cui riversare l'onda di sentimento che l'uomo che legge la mano le ha ispirato.

L'amore non aveva aspettato l'arrivo dell'uomo di Berlino per bussare alla porta di Etty... Così leggeremmo in un romanzo sentimentale, ma Etty è molto più esplicita: "Da un punto di vista erotico sono piuttosto raffinata, direi piuttosto esperta perché mi si consideri una buona amante". Molti anni dopo qualche amica sopravvissuta a quei tempi scatenati ricorderà che per Etty l'erotismo era importante, che se un uomo le interessava manifestava apertamente la voglia di sedurlo, senza quelle schermaglie o finzioni che all'epoca facevano parte del codice amoroso delle ragazze. Aveva avuto molti amori, altri ne aveva desiderati, ma il sesso le era sempre sembrato bifronte, il desiderio ingannevole: "Se un uomo mi fa una certa impressione, sono capace di abbandonarmi per giorni e notti alle mie fantasie erotiche – non mi sono mai resa conto di quante energie io abbia consumato per questo – ma poi se si arriva a un contatto reale, è una gran delusione".

Non sempre, però. Non con Klaas Smelik, per esempio, a giudicare da quello che racconta quando lo rivede diverso tempo dopo la loro relazione del periodo in cui lei era una studentessa. Smelik, più grande di diciassette anni, giornalista e scrittore, aveva fatto parte del gruppo di amici intellettuali e socialisti da lei frequentati. La relazione era durata sei mesi. Lei era diventata amica della figlia Joanna detta Jopie, che in futuro avrebbe avuto una parte importante nella salvezza dei diari della fugace amante del padre. Un giorno di marzo del 1942 si incontrano alla stazione per andare a cercare proprio Jopie, che ha l'abitudine di fuggire di casa facendo infuriare e disperare la famiglia: "Klaas, con il suo solito passo sciolto, il cappello di pelliccia nera e occhi piccoli, blu acceso da marinaio, che restano più giovani del viso"; lei, "con lo stesso, indistruttibile cappello nero da cosacco sulla testa", che un giorno del passato avevano comprato insieme. L'incontro è "come se ci fossimo visti il giorno prima". Tanto che a un certo punto, nel vagone solitario del treno che li sta portando nella cittadina dove la ragazza è fuggita, lei si ritrova sulle sue ginocchia, "mentre lui mi baciava come un tempo e io non capivo più se si trattava di un sogno".

È la qualità di certi amori giovanili che passano: si tratta di un sogno?

Marguerite Duras pubblicò nel 1984, a settant'anni, *L'amante*, la storia autobiografica della sua adolescenziale iniziazione al sesso. Il libro ebbe uno straordinario successo e l'autrice, fino allora amata soprattutto da colleghi d'avanguardia e da lettori raffinati, divenne un'autrice best seller.

L'avevo vista anni prima, forse nell'estate del 1969 o in quella del 1970, alla mostra del cinema di Pesaro, dove ero andata al seguito di un fidanzato cinefilo. L'idea di incontrarla – niente di personale: partecipava alla proiezione di un suo film e al successivo dibattito – mi emozionava. Almeno per due ragioni. La prima: ero molto giovane, e vedere dal vivo una personalità della cultura così importante e sofisticata mi sembrava un grande privilegio. La seconda: grazie a Marguerite Duras avevo capito qualcosa del cinema ma anche della vita quando, quattordicenne, avevo visto il film *Moderato cantabile*, che il regista Peter Brook aveva realizzato dall'omonimo romanzo della scrittrice francese. Film, come il romanzo, dalla trama impossibile: una ricca e malinconica signora borghese, mentre accompagna il figlioletto a lezione di piano, assiste casualmente a un delitto passionale; poi incontra un uomo, un operaio delle officine del marito, e la sua vita monotona si accende del desiderio impossibile di un *amour fou*. Tutto qui? Sì, più o meno tutto qui, a parte il fatto che lei è una meravigliosa Jeanne Moreau e lui un irresistibile Jean-Paul Belmondo. Ma quello che avevo capito del cinema e della vita è l'importanza di ciò che manca, di ciò che è presente pur essendo assente, dei sogni non sognati e dei fantasmi della mente, di quegli spettri dell'immaginazione e dell'eros che il violento bianco e nero di quel film rendeva così visibili, quasi tangibili.

Quando la incontrai al festival di Pesaro, però, di Marguerite Duras mi impressionò soprattutto l'aspetto. Sembrava una monaca laica dedita a riti di penitenza, oppure una cupa rivoluzionaria di professione. Capelli cortissimi su un viso immobile, di pietra, pullover scuro, un gilet e una gonna altrettanto scuri, come se fosse la divisa di un esercito dell'anima dalla disciplina molto rigida. Tanto più che lei, sollecitata da non so quale domanda, precisò che si vestiva sempre così. Né la conversazione con i giornalisti alterò la strana fissità di quella fisionomia che aveva ben poco di femminile e nulla di seduttivo. Per questo la cosa che mi colpì immediatamente quando ebbi tra le mani *L'amante*, prima ancora di leggerne la storia, fu la fotografia di lei giovanissima stampata sulla copertina. Una ragazza dal bellissimo viso, rivolto all'enigma del futuro con un'espressione di attesa sorridente, i grandi occhi spalancati e invitanti.

Un volto assolutamente adatto alla trama amorosa del libro. Perché stavolta c'era una trama, seppure a tratti simile alla trama precaria di un sogno. A differenza di certi suoi libri che avevo molto amato, pieni di fantasmi e misteriosi legami mai del tutto espressi, *L'amante* è la storia di una ragazzina quindicenne di una famiglia di coloni francesi in quella che era allora l'Indocina e oggi è il Vietnam, che si lascia volenterosamente sedurre da un giovane cinese bellissimo e ricchissimo con cui ha degli incontri clandestini. Sembra che lei si dia a lui per denaro, ma è solo un aspetto dell'ambiguità amorosa che il romanzo scandaglia quasi con brutalità: lui "sa di tabacco, di profumo di lusso, di miele, la pelle ormai ha preso l'odore della seta"; lei capisce che la storia non avrà futuro ma si abbandona al desiderio senza ritrosie: "Gli dico il desiderio che ho per lui".

Tutto il romanzo è scritto in prima persona e non si fa mistero che è una storia autobiografica, essendo Marguerite Duras nata a Saigon e cresciuta, come la protagonista, nel Sud-est asiatico negli anni Trenta. Una storia che, come certi sogni ricorrenti, non smette di tornare nella mente e nella scrittura di questa donna, che quando la incontro ha poco più di cinquant'anni ma sembra una statua dell'Isola di Pasqua, come se sotto la pelle non scorressero né sangue né emozioni. La prima volta che racconta del suo amante cinese, infatti, è molto più giovane, il romanzo in cui ne parla non è apparentemente autobiografico, si intitola *Una diga sul Pacifico*, stessa ambientazione e stessa epoca, anni Trenta, e una trama più tradizionale: una vedova con due figli nell'Indocina colonizzata dai francesi vive in una concessione di terreno tormentata dalle maree dell'oceano Pacifico, e tenta inutilmente di erigere una diga a difesa del suo terreno. In realtà vorrebbe erigere una diga in difesa della sua vita e per questo propone in moglie la figlia poco più che bambina a un ricco cinese, che non ha nessuna intenzione di sposarla ma è attratto da lei e la trascina in una torbida partita di seduzione, nel contesto delle illusioni ingannevoli, delle sopraffazioni e delle ingiustizie della vita coloniale. Duras, che allora, nel 1950, ha trentasei anni, con questo romanzo si fa conoscere da pubblico e critica, prima di dedicarsi a opere molto più enigmatiche per stile e contenuti come *Il viceconsole* o *Il rapimento di Lol V. Stein* che io leggevo con la devozione che si riserva ai testi sacri. Nell'*Amante*, trent'anni dopo, invece tutto è dichiarato, soprattutto quella corrente contraddittoria che attraversa una donna che comincia a fronteggiare la sessualità: il proprio corpo a confronto con il corpo dell'altro, il proprio desiderio nell'incontro-scontro con il desiderio altrui. Ma la figura del seduttore cinese e di quella lontana iniziazione erotica torna ancora in un nuovo libro, *L'amante della Cina del Nord*, che scrive nel 1991 dopo aver saputo della morte dell'uomo che l'aveva sedotta a quindici anni. Qui tutto è uguale ma più violento, la miseria famigliare, il degrado della vita, la potenza rapinosa del sesso.

Duras era nata in quello stesso 1914 in cui Esther Hillesum, poi detta Etty, veniva al mondo in un paesino olandese, Middelburg. Dopo le scuole superiori si trasferisce in Francia per iscriversi all'università nel 1932, l'anno in cui Etty, per lo stesso motivo, si trasferisce ad Amsterdam. Entrambe fanno parte di quelle ragazze del Novecento sparse nell'Occidente in fermento che decidono che la libertà sessuale è una necessaria estensione della libertà personale: non trasgressione o perversione, tantomeno debolezza colpevole, ma diritto alle passioni del corpo. Ci sono delle foto di Etty a Deventer: viso educatamente sorridente, con un velo di ombrosità, atteggiamento composto da giudiziosa ragazza di buona famiglia, ma quando arriva ad Amsterdam il suo aspetto è cambiato, persino i capelli mutano di foto in foto, come se un vento interiore li scompigliasse, diverso a seconda dell'umore. Quando, studentessa universitaria, gira di notte per le vie cittadine con le mani affondate nelle tasche del giaccone, l'amore, le relazioni, il sesso entrano prepotentemente in quell'interrogatorio alla vita che ha già cominciato ad appassionarla da quando a dieci anni è diventata una instancabile lettrice. Spier sarà un tramite per trovare le risposte, un tramite che lei chiama amore e che incendia la sua giovinezza.

Qualcuno si è stupito o addirittura rammaricato del posto preponderante che ha l'uomo di Berlino nelle pagine del diario che Etty scriveva giorno dopo giorno nei tempi scatenati, come se ignorasse la storia. Cosa che quelle stesse pagine smentiscono: ha scritto con assoluta precisione e con una sola parola ciò che i nazisti vogliono per gli ebrei: *annientamento*. Ma mentre il mondo che la circonda diventa sempre più pericoloso e crudele, lei non cede: il diario sarà intessuto di tutti i fili diversi, sparsi, annodati del loro incontro, dei sussulti dei loro corpi, delle paure e delle gelosie e delle tenerezze, degli interrogativi e dei pensieri che circolano fra loro come uccelli inquieti durante una bufera. Etty si rifiuta di consegnare al nemico l'ardore della sua giovinezza.

Piuttosto raffinata, direi esperta... Sembra però che Spier resista in tutti i modi alla sua raffinatezza erotica. Il diario è anche una storia di lunga e complicata seduzione, in cui il gioco delle parti non è mai stabile. Etty non si lascia scoraggiare e circa un anno dopo l'incontro con lo strano psicoanalista delle mani riflette sul diario: "Le vie dell'innamoramento [...] sono capricciose e imperscrutabili, e non si lasciano deviare". Lui, S. (sempre così lei lo nomina) fa di tutto per disorientarla, o forse semplicemente per frenare le sue aspettative.

Già in quello strano match che mette fine ai loro primi incontri le forze in campo convergono e divergono: "Ma il modo con cui le sue mani mi avevano afferrata durante quella lotta, i gesti con cui mi aveva morsicato l'orecchio o preso il viso con la sua grossa mano, tutto questo mi aveva fatto impazzire, avevo in tutti quei gesti sentito il tocco di un amante esperto e affascinante". L'amante che lui non vuole essere: "Mentre eravamo ancora coricati per terra lui aveva detto: 'Non voglio avere una relazione con lei'". Però poi si era affrettato ad aggiungere: "Devo confessarle che lei mi piace molto".

Nel corso di quei mesi, poco più di un anno e mezzo, che la passione di Etty estende alla misura di una lunga era, un'era miracolosa in cui l'amore ha sconfitto l'odio, Etty non penserà più tanto alla raffinatezza erotica e il suo S. le insegnerà che l'anima e il corpo sono una cosa sola. Sempre più vicini, sempre più intimi, anche se il loro amore apparterrà fino all'ultimo alla romantica schiera degli amori contrastati.

Intanto lei ha il suo compagno, l'attempato ironico paziente fidanzato che è il suo padrone di casa, Pa Han. Per quest'uomo pacifico, che la prende in giro perché in ogni momento libero sta china sul diario, lei prova un affetto profondo e grato, che neanche i più passionali desideri per Spier riescono a scalfire. Per Pa Han è difficile capirla, decifrare la sua inquietudine, forse per questo la fotografa spesso, come se l'obiettivo potesse avvicinarlo a quella imprevedibile fanciulla che annota i suoi sogni e rammenda le calze con la stessa pensosa serietà. Certe volte si mette in un angolo e fuma la pipa in silenzio, ascoltando il chiacchiericcio della ragazza e degli amici che vengono a trovarla. E la notte la tiene accanto anche se lei piange pensando all'altro e lui non sa il motivo di quel pianto.

Anche Spier ci tiene a conservare la sua fidanzata, che dopo la separazione dalla moglie e dai due figli, rimasti in Germania, ha deciso di sposare. Dopo i terribili pogrom su tutto il suolo tedesco nella notte tra il 9 e il 10 novembre 1938 (la cosiddetta Notte dei cristalli per i mille vetri infranti, compresi quelli delle cinquecento sinagoghe bruciate) entrambi sono fuggiti, ma Hertha Levi è riuscita ad arrivare a Londra, mentre lui si è fermato ad Amsterdam. Non si incontreranno più, ma lui penserà sempre all'allieva come alla sua promessa sposa e lei, nel 1944, pubblicherà come pegno d'amore il libro che lui aveva scritto a Berlino quando si erano incontrati, *Le mani dei bambini*. Spier dice subito a Etty che al di là del mare una giovane donna lo aspetta, e lei gli fa conoscere il vecchio socialdemocratico equilibrato. Né Pa Han né Hertha possono impedire il legame profondo che li unirà mentre lo spazio della sopravvivenza si restringe di giorno in giorno.

Un legame profondo e un amore contrastato. Una notte Etty sogna di essere vista da lui com'è dentro e ne è terrorizzata. Per lei i suoi sogni e quelli di lui sono importanti, dice che non si può conoscere qualcuno se non se ne conoscono i sogni. È vero: il racconto dei sogni, che è molto noioso quando riguarda estranei o persone che ci sono indifferenti, diventa prezioso nelle parole di chi amiamo. È come se per quella porta strettissima fossimo ammessi a un'intimità ulteriore, a una vicinanza che la veglia, anche negli spasimi d'amore, non concede.

Pur non avendo mai tenuto un diario, da molti anni, non sempre e disordinatamente, annoto i miei sogni. Ci sono spesso i miei genitori, soprattutto mia madre, con la quale certe volte litigo, difendendomi da una sua inaspettata crudeltà, e certe volte incontro con gioia, felice di rivederla, quasi sapendo nel sonno che è un privilegio della notte, veloce, da non perdere; spesso c'è una casa che è mia ma mi è del tutto sconosciuta, altre volte appaiono gli uomini amati, che ogni tanto si comportano bene e ogni tanto male, come nella vita. Soprattutto gli amori contrastati irrompono nelle visioni del sonno, appianando conflitti o esasperandoli, ma quasi sempre mostrando l'aggrovigliata matassa dei sentimenti in modo nuovo e inaspettato, spesso sorprendente e misteriosamente rivelatore. Come accade a Tatiana nell'*Eugenio Onegin* di Puškin.

Di tutti i sogni della letteratura, il sogno di Tatiana è quello che amo di più. Siamo nel cuore del poema che lo scrittore russo nel 1833 pubblicò – dopo una lunghissima stesura – in quello che avrebbe dovuto essere più o meno il mezzo del cammino della sua vita, e invece era già molto vicino all'epilogo. Il sogno è profetico sia per Tatiana sia per il suo innamorato Eugenio, e anche per Puškin, e avviene in una delle tante notti di tristezza, dopo che la ragazza aveva manifestato con una lettera il suo amore al dandy protagonista e lui l'aveva, con fare da perfetto seduttore, respinta con grazia e ipocrisia, dichiarando la propria incapacità a far felice una fanciulla donandole, come dovuto, una famiglia per inadeguatezza alla vita coniugale. A Tatiana in quel momento della famiglia non importa nulla, anche se a casa – l'aristocratica dimora campagnola dei signori Larin – tutti sono in fermento per il matrimonio della sorella Olga con Vladimir Lenski, e cioè proprio colui che ha presentato a Tatiana il mondano e cinico Onegin. Tatiana continua a bruciare d'amore e su questa passione si attorciglia l'opera, che è una sorta di sorgente di tanti romanzi successivi. Perché, come diceva il grande critico Victor Šklovskij, l'amore felice non fa un romanzo, un romanzo si crea e si regge su un amore contrastato. Anche se tutto questo Tatiana non lo sa, lei ama quel giovanotto che si ostina a non amarla, e lo sogna a occhi aperti e anche a occhi chiusi. Ecco, dunque, che nel sogno si trova in una foresta durante una tormenta di neve, si arresta sgomenta di fronte a un torrente in piena quanto il suo cuore, non sa come attraversarlo quando, da un mucchio di neve, si sporge una mano pelosa ad aiutarla. È la mano di un orso. Lei fugge nel bosco, l'orso la insegue, corre e corre, l'orso sempre dietro, finché cade e la bestia feroce ma gentile la solleva depositandola sull'uscio di una casa. Lo spaventevole animale irsuto era niente rispetto alla terribile vista di ciò che accade in quella casa isolata nel bosco: dentro, in una sorta di banchetto e sabba, c'è ogni tipo di mostro tra il bestiale e l'umano, come in un moderno fantasy, e il signore di quell'inferno è l'agognato Onegin. Tutti vorrebbero avventarsi sulla fanciulla, ma lui con le fatidiche parole che nella realtà mai pronuncerà – "è mia" – ne rivendica il possesso prima della scena finale, che vede irrompere la sorella Olga col suo Vladimir, il quale, in uno scontro con l'amico ora nemico Eugenio, viene trafitto e cade. Nel libro e nella realtà tutto andrà, mostri a parte, nello stesso modo: durante un ballo a Pietroburgo, Onegin fa la corte alla promessa sposa Olga, Vladimir s'infuria, lo sfida a duello e viene ucciso. Non molto tempo dopo, nel 1837, Puškin sfida a duello un corteggiatore della moglie e viene ucciso a trentasette anni.

Nel sogno, Tatiana forse trasforma in mostri le sue indomate fantasie amorose, o forse gli ostacoli menzogneri che il giovanotto le frappone.

Etty annota nel diario, un pomeriggio del febbraio del '42, che lei e Spier parlano al telefono del sogno di Tatiana, come se fosse un argomento acquisito di conversazione, ma non dice che cosa ne pensano. Per lui, come per ogni psicoanalista, i sogni sono la via maestra per penetrare i segreti dell'anima e lei ha presto imparato a seguirlo su questa strada. Di un sogno così portentoso, ricco e strano avranno avuto molto da commentare. Ma per Etty c'è qualcosa in più. Una sera a cena, quello stesso anno in aprile, festeggiano il cinquantacinquesimo compleanno di S. mangiando clandestinamente maccheroni (è una festa con convitati ebrei) e bevendo per una volta "caffè vero" (quasi introvabile con la guerra), che rende tutti ebbri come se fosse vino. Lei ha un anemone rosso tra i capelli e brinda col caffè al "grande, indimenticabile amico" della sua giovinezza. È eccitata e felice. Un ragazzo la guarda e le dice che è un miscuglio di russo e spagnolo. Lei ride felice e lui insiste: sì, sei una Carmen russa.

Molto diversa da Carmen ma russa di nascita era la madre di Etty. Rebecca Bernstein era nata nel giugno del 1881 in una provincia dell'impero russo, dalla quale era fuggita dopo l'ennesimo pogrom nel febbraio del 1907. Riva, come talvolta veniva chiamata, era una donna dal carattere instabile, sembrava fragile ma non lo era. Quando aveva deciso di salvarsi dalle continue persecuzioni contro gli ebrei che terrorizzavano la sua famiglia di inermi commercianti per raggiungere i Paesi Bassi, che allora avevano fama di essere accoglienti e sicuri, si era travestita da soldato e, lasciando casa e parenti, aveva viaggiato da sola fino all'arrivo ad Amsterdam, dove aveva cercato lavoro come insegnante di russo. Qualche mese dopo l'avevano raggiunta i famigliari, padre madre e un fratello. Ma loro non volevano restare in Europa, timorosi di nuove disgrazie, anche se mai avrebbero immaginato la catastrofe futura, e nel 1913 riuscirono a imbarcarsi clandestinamente per gli Stati Uniti. Riva un anno prima si era sposata con un uomo molto diverso da lei, il quasi coetaneo Louis Hillesum, e la sua vita sembrava entrata in una situazione di calma solidità borghese. Lui era un uomo di piccole proporzioni, schivo, appagato dai suoi studi di lettere classiche, barricato in una non sempre giustificata ironia per difendersi dall'invadenza del mondo. Non ci vedeva e non ci sentiva bene, ma non se ne lamentava. Sua moglie invece si lamentava spesso, e lui si limitava a dire in yiddish "povero me, povero me". Quando proibirono agli ebrei l'uso delle biciclette, il suo sarcastico e timido commento fu: "È iniziata l'era delle non-biciclette".

Aveva girato diverse città come insegnante di lettere classiche e finalmente aveva trovato una buona sistemazione come preside del liceo di Deventer. La cittadina, a est di Amsterdam, era diventata la capitale del sionismo olandese e preparava i pionieri che si sarebbero poi trasferiti in Palestina, ma Louis, benché proveniente da una famiglia di religiosi ortodossi, era un laico non molto interessato alle tradizioni, e così aveva cresciuto i suoi figli, la primogenita Esther, e i due ragazzi più giovani, Jacob, detto Jaap, nato nel 1916, un talento per la scienza, e Michael, detto Mischa, del 1920, un enorme talento per la musica.

Ma neanche le tre maternità avevano placato l'animo caotico e il carattere drammaticamente esuberante di Riva. Etty la amava con difficoltà, con quella reticenza con cui si amano le madri troppo emotive che investono i figli con la lunga onda dei loro mutevoli stati d'animo, come una diga che s'infrange e allaga il delicato territorio della più arcaica delle relazioni. Soprattutto per le figlie. Un pomeriggio piovoso dell'ottobre del 1941 Etty scrive sul diario: "Credo di aver perennemente paura di diventare come mia madre: in alcuni momenti traboccante di entusiasmo e vita e interesse per le cose, ma per il resto impegnata a divorarsi dentro, distrutta dalla fatica e incapace di venirne fuori".

Prima dell'ultimo periodo, prima dell'annientamento, dove non c'era posto che per infinito amore, aiuto e devozione, Riva rimane per sua figlia quello che spesso – posso testimoniarlo personalmente – sono le madri per le figlie: delle intimissime sconosciute. Scrive Marguerite Duras nell'*Amante*: "Ho guardato mia madre e ho stentato a riconoscerla. E poi, in una specie di annebbiamento, di caduta, non l'ho riconosciuta più". Per tutto il libro l'amore e la disperazione passano dall'amante alla madre, fino a quando la ragazza partirà ed entrambi diventeranno inamovibili figure della sua anima. Etty, che non avrà il tempo di ripensare a sua madre, quando se ne va di casa cerca di diventare una donna diversa, ma l'ombra di lei la segue nei ricordi e nei sogni. Ce l'ha con sua madre perché in passato, "invece di chiuderli sotto chiave", le permetteva di mangiare troppi dolci. Secondo Etty, Riva è ossessionata dal cibo: "Su, mangia qualcosa. Non hai mangiato abbastanza. Come sei diventata magra". Una volta la guarda da lontano durante una festa a Deventer, lei è sulla balconata del vecchio teatro, la madre è in basso, con delle amiche. Ha un vestito azzurro guarnito di pizzi e sta mangiando, "completamente assorbita dal cibo". Il rinfresco va avanti ed Etty continua a guardarla, qualcosa in quella visione la ipnotizza: "Mangiava con avidità e con abbandono. A vederla così, d'un tratto, da quella balconata, aveva qualcosa di toccante. Mi disgustava e insieme mi faceva una pena enorme".

Etty non sa spiegarselo, ma se suo padre manda il più piccolo sospiro si commuove, se la madre dice: "Mi sento proprio male", non si commuove affatto. In quella donna troppo affamata non riesce a vedere la ragazza tramortita dalla paura dei cosacchi che raccoglie tutte le sue forze e scappa travestita per inventarsi una nuova vita e una nuova storia. Ma nessuna fuga nello spazio salva dal passato, e lei in Rebecca vede solo una donna fastidiosa, non la creatura tragica che sente che la paura non è ancora finita, che non può finire. Nessuno, né il marito solitario e schivo, chiuso nel suo studio protetto dai suoi libri e dalla sua ironia, né il brillante futuro clinico, né il geniale giovane pianista, né la sensibile e dotata studentessa, nessuno rintraccia nel disordine di Riva la scia della sua origine, l'onda lunghissima del suo terrore che, disgraziatamente, un giorno avrà conferma. I figli trasformano senza saperlo il disordine materno in un proprio personale disordine. È l'angoscia, la depressione, i disturbi del corpo, il mal di testa, il mal di pancia, la stanchezza improvvisa di Etty, tutti quei mali da cui vuole essere guarita. È la follia del bambino geniale della famiglia, il pianista Mischa, dalle precoci e sorprendenti capacità da tutti ammirate, ma che non può fare un concerto se mamma e papà non lo accompagnano. Forse è l'incertezza sentimentale del dotato Jaap, che avrebbe avuto davanti un'illustre carriera da medico se la Storia non avesse preso una brutale decisione nei suoi confronti.

Se Etty è insofferente verso quella donna che mangia troppo, cerca però di abitare il loro legame in un altro modo. Dopo la laurea in Giurisprudenza vuole laurearsi in Lettere slave e intanto studia il russo, si appassiona ai suoi autori, Puškin, Lermontov, Čechov, Tolstoj e soprattutto Dostoevskij. Ha cominciato a leggerlo da ragazzina, "frastornata, esausta, intontita da quelle centinaia, migliaia di pagine". Ora invece, sdraiata sul divano coperto dall'amato plaid blu "ogni tanto un paio di pagine, ma che riesco attivamente a ricreare, portandomele dentro per giorni". *L'idiota* in particolare, con quei personaggi eccessivi che un po' potrebbero ricordarle sua madre: dovrà studiarlo a fondo, scrive, "sia riguardo all'uso della lingua che per il contenuto".

C'è una riflessione di Melanie Klein, la psicoanalista che trasportò l'invenzione freudiana nei segreti della relazione madre-figlio, che suona più o meno così: gli esploratori che viaggiano alla ricerca di nuovi territori e indagano in lungo e in largo la superficie della Terra stanno in realtà, senza saperlo, esplorando il misterioso corpo materno. Riva, prima del terribile atto finale, è inaccessibile a Etty, le sue invadenti premure le danno fastidio. Però all'origine materna non vuole rinunciare: "Più tardi viaggerò verso la Russia... farò uso di tutto il mio sapere e di tutta la mia esperienza per raccontarla... tutto ciò che raccolgo in me e verso cui mi concentro sarà indirizzato in quella direzione...".

Ma l'intera sua famiglia è per lei un paesaggio intricato e spinoso, al quale la stringe quell'amore controverso – e dunque tanto più intenso – che ci lega agli affetti difficili. Tutti complicati gli Hillesum, un po' meno il futuro medico, Jaap, il più autonomo, e soprattutto Mischa, particolarmente vulnerabile, che fin da piccolo mostra un luminoso talento per il pianoforte e però entra ed esce dall'Apeldoornsche, l'istituto psichiatrico ebraico che cerca di arginare le sue fragilità. Il pensiero della malattia di Mischa è un tormento che si può nascondere ma non dimenticare. C'è una gravidanza indesiderata e interrotta in quei due anni tumultuosi registrati dal diario: "Credo di essere affatto sprovvista d'istinto materno e me lo spiego così: trovo che la vita è sostanzialmente un gran calvario e che tutti gli esseri umani sono infelici, quindi non voglio prendermi la responsabilità di aumentare il numero di quegli sventurati".

Non sempre però Etty pensa che la vita è un gran calvario: lo pensa rispetto ai suoi fratelli, e soprattutto rispetto al disagio di sua madre. E le è capitato di pensarlo a momenti, anche prima dei tempi scatenati che concludono la sua giovinezza. Ma più spesso pensa che la vita è meravigliosa. Piovono continui e sempre più feroci divieti sugli ebrei: niente biciclette, niente frutta e verdura, niente parchi e boschi, persino i tram sono proibiti, e i piedi si logorano a percorrere la città nel gelo e nel caldo, anche la notte è proibita, chiusi in casa dal tramonto all'alba come animali prigionieri. Eppure nelle pagine di Etty la vita è e continua a essere fino alla fine "grande e buona e attraente ed eterna".

La vita è attraente per Etty soprattutto quando, la mattina presto, o più spesso la sera, parla al telefono con Spier. Si salutano a fine pomeriggio e appena lei arriva a casa – le solite tre strade, il solito canale, il solito ponticello divorati dalla sua bicicletta – le loro voci si ritrovano al telefono. La conversazione serale, quella che precede la notte, le è particolarmente cara: "Devo annotare brevemente la telefonata di ieri sera. Non so più com'è iniziata, a dire il vero, è stata una lunga e vivace conversazione vecchio stile...". Parlano e parlano "attraverso quel paziente strumento", mentre il tempo scorre con la pienezza che ha nei momenti felici. Anche un'altra ragazza ebrea, coetanea di Etty, e il suo dubbioso corteggiatore passano ore al telefono: lei, Micòl Finzi-Contini, è molto più ricca della ragazza olandese e nella sua stanza della grande villa ferrarese dove la famiglia abita ha "una derivazione telefonica", cioè un apparecchio personale, che può usare a tutte le ore del giorno e della notte. Uno strumento non solo paziente in quel caso, ma generoso per lo spasimante all'altro capo del filo, al quale offre una intimità – per esempio un viaggio virtuale nella camera di lei – che la frequentazione non consente.

Micòl è il mio personaggio preferito di tutta la letteratura italiana del Novecento. L'ho chiamata personaggio – e di fatto lo è, essendo uscita dalla felicissima penna di Giorgio Bassani, autore del *Giardino dei Finzi-Contini* – malgrado non l'abbia mai considerata tale, ma qualcuno che mi sembra di aver conosciuto in quell'altra vita che certi libri ci danno la sensazione di aver vissuto. Come Micòl ed Etty anche io avevo, in quella loro stessa età spavalda e incerta, un rapporto speciale con il telefono. Solo che a me non sembrava uno strumento paziente, ma molto di più: un attrezzo magico, indispensabile negli incantesimi amorosi.

Di tutti gli oggetti travolti dai cambiamenti tecnologici, quel vecchio telefono nero o beige, con il suo disco rotante bucato in corrispondenza dei numeri, è forse quello che mi manca di più. Intanto stava in un luogo fisso della casa – prima dell'avvento massiccio delle derivazioni – e per raggiungerlo, a volte di fretta col cuore in gola, altre volte di malavoglia, era obbligatorio un preciso tragitto, come per chi si rechi a un monumento cittadino. Il suo posto non era sempre appartato; dunque, per certe conversazioni particolarmente private – contrattazioni sentimentali con i maschi, confidenze con le femmine – mi capitava di accoccolarmi per terra, accucciata accanto al tavolino come in una personale trincea della segretezza. Ma l'aspetto magico non era questo. Il rituale stregonesco si componeva di varie fasi. Per esempio, l'attesa di una certa telefonata di allora non è simile all'attesa di una telefonata tramite cellulare: qui ci sono messaggi, WhatsApp, mail da consultare continuamente per vedere se l'interlocutore atteso si è per caso manifestato in altro modo. Lì no, niente. Se quell'oggetto compatto e composito taceva, il silenzio era infrangibile. Salvo la decisione di prendere l'iniziativa, una decisione tutt'altro che lieve. Poi c'era lo squillo: io mi ero convinta di riconoscere l'interlocutore – se era quello che aspettavo – dallo squillo, o meglio da una vibrazione misteriosa dell'apparecchio che captavo solo io. E difficilmente sbagliavo. Etty, lo avrei scoperto molti anni dopo, pensa qualcosa di simile: "E poi mi sono sdraiata a riflettere sul telefono, sì, sul telefono. A come il telefono, di sera, non abbia lo stesso suono che ha durante il giorno. [...] Di sera sembra una voce che attraversa la notte, e io so sempre in anticipo se è lui all'altro capo del filo o una persona qualsiasi".

Ma la magia più importante era la composizione del numero: a seconda del sortilegio in programma poteva essere lentissima – cioè: il dito infilato nel buco del numero prescelto portava la rotella a destinazione e indugiava per una frazione di secondo, come a imprimere la forza del desiderio a quel gesto – oppure velocissima, per bruciare l'attesa e non perdere la spinta emotiva; o anche violenta, per rabbia, così che non di rado si sbagliava numero, soprattutto nelle telefonare più urgenti, le più passionali.

La memoria, come una perfetta card, conservava un'infinità di numeri, i più preziosi ovviamente – ricordo ancora perfettamente, molti decenni dopo la sua morte, il numero di mia madre, 85353393, così senza prefisso, cosa che lo rendeva più personale, perché privo di localizzazione: era il numero del pianeta materno, nella sicura galassia degli affetti inamovibili. Poi c'erano i numeri purtroppo amovibili, i numeri d'amore, dal doppio volto, talvolta benevoli, talvolta malevoli, per esempio i numeri di certi innamorati cultori di interminabili chiacchierate telefoniche con gli amici, che risultavano sempre inaccessibili. In quei casi o rinunciare, oppure, nei momenti di maggiore giovanile trasporto, appostarsi accanto al telefono e provare incessantemente il numero, ripetendo le cifre quasi fossero un mantra e aspettando come un beneficio il suono lungo e lamentoso dell'apparecchio libero anziché quello breve e ossessivo dell'occupato.

Nella storia di Bassani, evocazione di un amore giovanile e perfetto racconto della persecuzione antisemita in Italia, la prima volta che il futuro studente di lettere, allora poco più che un bambino, girovagando per Ferrara avvolto nei suoi crucci infantili incontra la bionda Micòl, non si tratta che di un'apparizione. Un'apparizione fatata perché quella ragazzina, figlia di una delle famiglie più illustri della città, di antico casato ebraico, è sembrata al ragazzino qualcosa di simile a una principessa irraggiungibile, non solo per la sua bellezza e il suo status sociale, ma perché appollaiata sopra il muro di cinta del suo vastissimo parco. Irraggiungibile Micòl lo resta per tutta la durata del romanzo, malgrado certe avances maldestre dello studente, e a un certo punto sparisce pure di casa, va a Venezia senza avvertire. E non c'è modo di mettersi in contatto perché allora da una città all'altra non ci si chiamava come facciamo noi coi numeri del cellulare, senza neppure sapere in che parte di mondo troviamo l'interlocutore: allora l'interurbana era un rito, con tanto di centralinista-sacerdote da implorare, e con lunghe attese, di modo che il telefono riusciva a restituire il senso della lontananza. Inoltre, le interurbane erano costose e prevedevano un motivo urgente o una certa confidenza. In realtà per lo studente è già un miracolo, un miracolo di quelli alla rovescia, se ogni tanto può frequentare – sia pure con poche speranze d'amore ricambiato – Micòl: in quanto ebrei, seppure di due mondi sociali distanti, poco dopo le leggi razziali del 1938 vengono cacciati dal circolo del tennis cittadino e si ritrovano con le racchette nel piccolo e un po' dissestato campo di gioco del giardino dei Finzi-Contini.

Il romanzo fu pubblicato nel 1962 e nel 1970 Vittorio De Sica ne trasse un film così poco affine al libro che l'autore se ne dissociò. Poco somigliante con la Micòl del romanzo, che è il fuoco e il cuore di tutta la storia, era soprattutto l'attrice Dominique Sanda, che appariva come una di quelle ragazze belle e inafferrabili da cui più si sentono respinti più i maschi sono attratti, e spesso, come l'attrice francese in quel film, algide e un po' attonite e fatalmente destinate a operare altere e vanesie seduzioni. Nulla di più distante dalla Micòl del romanzo, per molti aspetti simile a Etty. Gli studiosi hanno cercato chi fosse la donna vera dietro il personaggio, con differenti risultati, ma Micòl è vera senza bisogno di certificati anagrafici, e chissà quante Micòl conosciute dal narratore o sconosciute sono sparite, con la loro fertile intelligenza anticonformista, nel silenzio omicida di quegli anni.

La giovane Finzi-Contini è iscritta all'università di Venezia, dove otterrà la laurea con una tesi su Emily Dickinson, che batte a macchina sui tasti della sua Underwood. Come Etty, è talvolta nervosa e non lo nasconde, soffre di mal di testa, e quasi sempre è irrequieta, eppure è sempre molto attenta alle necessità degli altri membri della famiglia, fragili o sofferenti, soprattutto il padre e il fratello. Come Etty, è una ciclista instancabile e una altrettanto instancabile lettrice: legge, oltre ai classici italiani, gli stessi libri che quell'altra ragazza ebrea a cui stanno togliendo anche l'uso delle panchine pubbliche, legge ad Amsterdam, cioè Puškin, Gogol', Dostoevskij, Tolstoj, Čechov. A volte, per tenere a bada le irruenze del goffo giovanotto che le sta appresso, invece di sdegnose smancerie seduttive usa dei versi, poesie austere della sua Emily oppure l'appassionato cinismo sentimentale di Baudelaire. Ha un suo personale eroe, questo inventato da Melville, cioè Bartleby lo scrivano, che se gli chiedono qualcosa, una qualunque cosa che esula dal suo lavoro di scribacchino in un ufficio newyorkese, risponde immancabilmente: "Preferirei di no". Secondo la giovane Finzi-Contini, un modo per affermare "l'inalienabile diritto di ogni essere umano alla non collaborazione", diritto sempre più prezioso e raro in quell'epoca. E con Etty Micòl potrebbe condividere questo pensiero: "La nascita di un'autentica autonomia interiore è un lungo e doloroso processo: è la presa di coscienza che per te non esiste alcun aiuto o appoggio o rifugio presso gli altri, mai. Che gli altri sono altrettanto insicuri, deboli e indifesi. Che tu dovrai esser sempre la persona più forte".

Nella sua malinconia Micòl sembra consapevole che ciò che la aspetta e aspetta tutti loro è l'annientamento, ma come Etty è vitale, pensante, ironica. E tale si rivela nelle telefonate con lo studente innamorato. Forse anche lei ha un amore difficile, forse è solo la gelosia del narratore ad attribuirglielo, i misteri delle ragazze e delle loro vocazioni sentimentali non sempre sono penetrabili. Ma lo studente, quando sono lontani, non vede l'ora di infilarsi nello sgabuzzino del telefono – in certe case effettivamente l'apparecchio era collocato in un protetto cubicolo o su una sorta di appartato altarino – e parlare con la bella fanciulla bionda chiusa nella sua ricca dimora, di cui di lì a poco non sarebbe rimasto che un appassito ricordo. In fondo è soprattutto il telefono il luogo di una loro possibile intimità amorosa. E certe volte sembra che anche per Etty e Spier, man mano che la realtà intorno si restringe sempre più, di divieto in divieto, e la morsa nazista si fa più feroce, il telefono sia il luogo dell'amore perfetto. "Quando sono arrivata a casa, la sua voce al telefono è stata un'altra grande carezza" scrive una sera del febbraio '42. "Stamattina alle otto lui mi ha telefonato [...] Ciò che è sempre buffo è il modo in cui ogni conversazione telefonica con lui si riveli un'avventura ricca di possibilità; è sempre sorprendente scoprire quali frasi confuse o profonde osservazioni verranno fuori durante la nostra telefonata." "Noi non viviamo sotto uno stesso tetto", ma "appena lo lascio e arrivo in bicicletta a casa, sulla mia scrivania c'è un apparecchio telefonico piccolo e nero, e un'analoga meraviglia della tecnologia moderna sta anche sul suo tavolo da lavoro strapieno. E quei due aggeggi ci connettono di nuovo". Ore e ore con quel "paziente strumento". "Tipico che le nostre conversazioni telefoniche, che durano più di un'ora e mezzo alla fine della giornata, siano il contatto più intimo che ho con lui." Le telefonate concludono la loro giornata ed Etty pensa che sia lì, mentre le voci si alternano congiungendosi, che la loro amicizia "raggiunga il suo culmine". Poi il 14 luglio 1942, un martedì sera: "Sono le 9.55. Ho appena tirato su la cornetta del telefono ma invece del suono familiare e piacevole, si ode un cupo silenzio. È triste, e anch'io sono triste, triste da morire...". A casa dell'ariano Wegerif il telefono funziona ancora, ma in quella dell'ebreo Spier, come da ennesimo divieto, è costretto a tacere.

Il narratore del *Giardino dei Finzi-Contini*, finita quella stagione del tennis nel parco della villa, di Micòl vedrà appena, dietro i vetri di una macchina, l'onda biondo cenere dei capelli, durante il corteo che segue il feretro del fratello Alberto, morto di malattia. Il ragazzo è l'unico che riposa nella monumentale tomba di famiglia, mentre la sorella e gli altri, deportati nel settembre del '43, "chissà se hanno trovato una sepoltura qualsiasi".

Ci sono altre Micòl sparse per l'Europa. Qualcuna, prima di essere travolta come lei dai tempi scatenati, riesce a lasciare tracce del proprio talento. Sono tracce straordinarie, una prodigiosa eredità al mondo che non conosceranno.

Una mattina dei primi giorni di agosto del 1942 Etty vide due suore camminare sul fango ormai secco dei viottoli del campo di Westerbork. C'erano anche altri religiosi, tra cui un sacerdote "dagli occhi non offuscati" che non aveva mai lasciato il convento per quindici anni. Arrivi inaspettati, se c'era ancora qualcosa di inaspettato al campo. Quando il 20 luglio era stata letta nelle chiese una lettera di protesta dei vescovi contro le persecuzioni razziste, i nazisti non avevano perso tempo: la protesta era stata immediatamente punita scatenando la caccia agli ebrei convertiti al cattolicesimo ed entrati nei vari ordini ecclesiastici. Erano stati velocemente ma minuziosamente emessi mandati di cattura convento per convento, per individuarli e spedirli a morte. Le due suore erano state prelevate il 2 agosto, un lunedì, dal monastero delle carmelitane della cittadina di Echt, vicino al confine con il Belgio. In realtà solo una delle due era monaca, suor Benedetta della Croce, al secolo Edith Stein; l'altra era sua sorella Rosa, che si era rifugiata presso di lei sperando di essere al sicuro. Entrambe sette giorni dopo sarebbero state assassinate nelle camere a gas di Auschwitz.

Suor Benedetta aveva all'epoca cinquantatré anni, interamente spesi alla ricerca di una via verso lo spirito e l'interiorità. Una vita scandita da scelte decise e radicali. Due grandi occhi, che scrutano qualcosa che solo un'attenzione vigile può vedere, illuminano l'ovale regolare di questa ragazza nelle poche foto che rimangono del suo intensissimo mezzo secolo di vita. C'è qualcosa di inquieto nello sguardo, uno sguardo femminile che non si accontenta di ciò che trova, di quanto il mondo offre agli esseri umani – quel terribile mondo in cui è stata chiamata a vivere – e di quanto offre alle donne. Uno sguardo che cerca la propria strada e non si perde nello spazio incerto, misterioso e indefinibile che chiamiamo anima.

Figlia di commercianti di legname, orfana di padre a tre anni, insieme a cinque fratelli e due sorelle vive a Breslavia, la città polacca all'epoca appartenente alla Germania, nella famiglia guidata dalla madre che, rimasta vedova del marito, ne ha preso in mano l'azienda. Molto brava a scuola, decide di interrompere gli studi e si mette a leggere i classici per conto suo. La convincono a tornare al liceo e a diplomarsi. Da allora solo successi, fino alla brillante laurea con Edmund Husserl, a Friburgo, tema: l'empatia. Presto il filosofo, colpito dalla sua intelligenza, la vuole con sé come assistente. Tutti apprezzano le sue doti e capacità, ma presto decide di rinunciare all'incarico per potersi dedicare ai propri studi. Comincia una carriera di ricerca e insegnamento. È abitata da molte idee e da molte energie. Scrive saggi filosofici, si impegna in politica nel DDP, il Partito democratico tedesco, milita per il voto alle donne, è infermiera sul campo nella Prima guerra mondiale. Poi, dopo anni di convinto ateismo, la conversione al cattolicesimo, vissuta con la fermezza di tutte le sue scelte. Studia e scrive su san Tommaso d'Aquino e san Giovanni della Croce. Intraprende la via del Carmelo e nel 1934 prende i voti nel convento carmelitano di Colonia. Continuando a studiare e a scrivere si avvia alla radicale decisione della clausura. Da Colonia le consorelle la fanno trasferire al Carmelo della cittadina olandese sperando di salvarla dai nazisti, tentativo che presto si rivelerà inutile. Il nome della croce che si è scelta sarà lo stigma del suo destino. Tutto il suo talento, il suo straordinario sapere, la sua intelligenza, la sua fede, le sue speranze, la sua forza e il suo coraggio, tutto sigillato nel nulla del buio di Auschwitz.

Molto prima che nel 1987 venisse beatificata per decisione di papa Wojtyła nel Duomo di Colonia, molto prima che nel 1999 diventasse una delle sante patrone d'Europa, una scrittrice americana dalla vista affilata, Flannery O'Connor, aveva dichiarato che le due donne più interessanti del Novecento erano Edith Stein e Simone Weil, un'altra ragazza ebrea che non aveva fatto a tempo a invecchiare.

Weil è parte consistente, la più eccelsa, del pensiero del Novecento, ora da tutti riconosciuta. Quando Flannery O'Connor ne parla, solo una piccola schiera conosce il suo nome; è stato Albert Camus, nel dopoguerra, a volere la pubblicazione dei suoi scritti. Nella sua breve vita – un soffio: dal 1909 al 1943 – Simone, che viene da una colta e abbiente famiglia ebrea della buona borghesia parigina, volta risolutamente le spalle ai conforti materiali della sua condizione mettendo a disposizione dell'epoca in cui si trova a vivere tutta la instancabile energia del suo corpo esilissimo. Fragile, tormentata continuamente dall'emicrania, si fa assumere nel 1934 come operaia nelle officine metallurgiche, vuole conoscere davvero e da vicino quello che definisce "il marchio della schiavitù". Nel 1936 è in Spagna a combattere contro i franchisti con i repubblicani, si è aggregata in Catalogna alla colonna anarchica di Buenaventura Durruti. Dalla Francia poi, sempre più indebolita nel corpo, accompagna i genitori in fuga da una Parigi occupata dai tedeschi fino a Marsiglia. Qui Simone scruta le viscere della città e i suoi derelitti, fa amicizia con un vecchio monaco domenicano che diventa il suo confidente e la presenta a un amico agricoltore nella cui fattoria si fa assumere come operaia. I genitori si rifiutano di rifugiarsi in America senza di lei. Parte con loro per New York, dove arriva i primi di luglio, trovando il fratello André, matematico, ad aspettarli. È in salvo, con l'amata famiglia. Ma Simone non può accettare la fuga dalla sofferenza e dalla sventura degli altri, soprattutto non può accettare il privilegio.

Come Etty Hillesum, quando sarà messa alla prova, non vuole sottrarsi. A dicembre torna in Europa, a Londra, per unirsi ai resistenti di France Libre e spera di poter tornare in azione, rientrare in Francia e partecipare attivamente alla Resistenza. Chiede al generale De Gaulle di poter formare un corpo di infermiere, tra cui lei stessa, da paracadutare nel continente, sulla linea del fronte. È un progetto folle e ne è consapevole, ma crede fermamente che alla follia omicida nazista vada contrapposta la follia della generosità e dell'altruismo.

Il progetto non ha seguito. Lì, al sicuro ma inerte, impartecipe, Simone non riesce più a vivere. Il suo amore per il mondo si trasforma in dolore, l'ascolto ininterrotto rivolto agli altri in silenzio. Prostrata nel corpo e devastata dall'esilio dall'azione, muore di consunzione ad agosto di quello stesso anno. Lascia un imponente, decisivo corpo di scritti: ogni esperienza si è riversata nel suo pensiero, impetuosamente in moto nel tempo e nello spazio, dal mondo occidentale antico a quello orientale, dalla riflessione sui temi eterni dell'anima e della mente alla prassi politica, alla filosofia contemporanea, alla letteratura, all'indagine sul rapporto con Dio. E ogni pensiero ha cercato spazio nella sua esperienza. Ha prefigurato, nei suoi scritti, non solo i problemi del suo tempo ma anche quelli cruciali dei tempi che verranno.

Mi ha sempre colpito una strana contraddizione del suo corpo nelle foto che ci restano di lei. Una bambina bellissima, dal dolce viso rotondo, una graziosa adolescente con un bel sorriso e occhi sognanti, poi, mentre il tempo passa, una visibile scarnificazione, fino ad assumere la fisionomia, indosso i pesanti abiti scuri, di un cavaliere errante donna, con tutto il peso di una sapienza e di una comprensione che viene da lontano.

Quando Micòl Finzi-Contini si laurea, un professore filotedesco, malgrado la perfezione della sua tesi e contro il parere del relatore, decide che in quanto ebrea non può esserle attribuita la lode. Questo, che è solo un particolare nella storia che racconta Bassani nel romanzo, mi ha sempre molto colpita. Mi sono laureata con la lode, e più del voto la lode era stata un piacere, la stessa parola non si usa molto, è un riconoscimento dal suono lontano, come l'eco di una perduta tradizione, una carezza per l'ingegno e il talento. La persecuzione nazista colpisce i corpi ma è anche molto attenta ad attaccare l'ingegno e il talento degli ebrei. Anche nella storia di Charlotte Salomon, ebrea berlinese nata nel 1917, c'è un episodio analogo, che viene vissuto con molto più dolore di quanto ne manifesti la ragazza di Ferrara nella vicenda che la riguarda. Alla fine degli studi all'Accademia di Belle Arti di Berlino Charlotte, dotatissima soprattutto in disegno, si vede rifiutare il primo premio in quanto ebrea. In quel caso, è la tappa finale di una storia già lunga di privazioni e persecuzioni, l'escalation razzista da quando Hitler è salito al potere nel 1933 non ha avuto tregua. Lei è riuscita, benché ebrea, a iscriversi a Belle Arti per il valore di ex combattente della Prima guerra mondiale del padre. Ma intanto il professor Salomon è stato cacciato dall'università dove insegnava medicina e ha dovuto chiudere il suo studio professionale. Dopo la morte tragica della madre, Charlotte ha trovato un angelo protettore nella seconda moglie del padre, Paula, una meravigliosa cantante lirica: ma anche lei è stata estromessa dai teatri. Nel 1935 le leggi di Norimberga chiudono qualsiasi speranza di normalità: la prima è la legge "per la protezione del sangue e dell'onore tedesco". Tutti gli alieni, cioè soprattutto gli ebrei, non avranno più pace e, in futuro, più scampo. Per questo alla fine del 1938, dopo le terribili devastazioni della Notte dei cristalli, Charlotte viene spedita a raggiungere i nonni rifugiati in un paesino della Costa Azzurra, Villefranche-sur-Mer. È ospitata nella villa rifugio di una benevola gran dama americana che però, lasciando lì una piccola schiera di protetti, nel '41 torna in America. Charlotte forse percepisce che il tempo che le resta è breve, forse è indomabilmente abitata dalla voglia di esprimersi di ogni artista, forse dall'irruento desiderio di comunicare al mondo la vitalità dei suoi vent'anni. In diciotto mesi, tra il 1940 e il 1942, si dedica alla realizzazione di "qualcosa di davvero totalmente folle", come lo chiama: un grande libro di parole e più di mille disegni a tempera in cui racconta la sua giovinezza e l'epoca feroce in cui l'ha vissuta. L'anima a contatto con la Storia.

La intitola *Vita? o Teatro?*: i fogli di questa incredibile opera rimarranno a lungo chiusi in un pacco di carta tra mani accurate e amiche nella cittadina francese, fino a che il padre di Charlotte e Paula, che hanno lasciato la Germania e vivono ad Amsterdam, a guerra finita andranno sulle orme della ragazza perduta e, stupefatti, ne entreranno in possesso. Ma ancora il grande lavoro non vede la luce: per i famigliari quel lascito, che è tutto ciò che resta della figlia, senza neppure una tomba su cui piangerla, è un oggetto di dolore, un trauma che si rinnova. Sarà Otto Frank, il padre di Anna, che ha deciso di rendere pubblico il diario di sua figlia, a convincere i signori Salomon a rendere pubblica anche questa straordinaria testimonianza di una vita intensa, piena di ingegno e di estro, spezzata dalla furia cieca. L'opera sarà affidata al Museo di storia ebraica di Amsterdam, nel 1959. Negli anni e decenni seguenti *Vita? o Teatro?* viaggia per gallerie e musei del mondo, viene pubblicato, è considerato un documento meraviglioso e sorprendente dell'arte di quegli anni, un frutto imprevisto e personalissimo dell'Espressionismo. Ma è anche il ritratto di un talento umano, di un altro talento femminile su cui hanno infierito i tempi scatenati.

In seguito a una delazione, Charlotte Salomon, con l'uomo che aveva sposato in quell'illusorio rifugio francese, nel settembre del 1943 viene deportata ad Auschwitz. Muore il 10 ottobre, incinta di cinque mesi. Forse Etty l'avrà vista arrivare al campo.

"Il 3 febbraio ho compiuto un anno. Penso che manterrò questa data come data di nascita, è più importante del 15 gennaio, quando mi è stato tagliato il cordone ombelicale." Etty lo scrive il 20 febbraio 1942. Il 31 dicembre 1941, alle otto e mezzo di sera, seduta alla scrivania nel consueto tu per tu con il suo alter ego di carta, aveva scritto: "L'ultima sera di un anno che è stato per me il più ricco e fruttuoso, e insieme il più felice di tutti". Il 3 febbraio segna un anno da quando ha conosciuto Julius Spier.

Anche per queste frasi quando il diario di Etty vide la luce qualcuno si scandalizzò, sostenendo che, negli otto quaderni, il nazismo e le persecuzioni appaiono solo come cornice della sua storia d'amore con Spier. Ma è davvero così?

Sono gli ultimi giorni di primavera del 1941, una breve annotazione alle sette di sera: "Ci si interroga sul senso della vita, ci si domanda se abbia ancora un senso...". In tutte le molte pagine che seguiranno, questa domanda non abbandonerà mai la ragazza della Gabriël Metsustraat. Ogni frase, ogni riga è un tentativo di risposta, una ricerca di senso che non si lasci travolgere dal male assoluto che è lo spettacolo osceno dell'epoca. Certo, fino a quando dal campo di Westerbork vedrà partire i convogli per Auschwitz non può realizzare davvero quale sia il volto definitivo di quel terrore. Quando decide di andarvi a prestare servizio e aiuto, pensa di incontrare nel campo miseria e sofferenza, crudeltà e ingiustizia in larghe dosi, ma non può immaginare la scena dello sterminio semplicemente perché non è immaginabile, è qualcosa che fino a quel momento la mente umana non può raffigurarsi. Tuttavia, il giorno per giorno della persecuzione le è puntualmente presente, ma, come lei dice, dentro una creatura umana ci sono il cielo e l'inferno, e lei in quel 1941, non ignorando l'inferno, ha frequentato con molta passione il cielo della sua giovinezza, che si infiamma dopo l'incontro con Spier.

Ho un'edizione di *Se questo è un uomo* del 1964. Nel '64 frequentavo la prima liceo al Tasso e abitavo in una breve strada in salita, adiacente a Villa Paganini, tra la via Nomentana e corso Trieste. Da allora ho cambiato cinque volte casa, nel disordine dei traslochi sono scomparse per volontà propria molte cose, altre le ho abbandonate – mobili, vestiti, oggetti – e ho perso molti libri, anche libri cui ero feticisticamente attaccata come *Le lettere a Milena* di Kafka in un'edizione economica grigia cartonata che mi piaceva molto. Nel 1964 in casa mia mancava quasi tutto, ma i libri erano numerosi. Accanto alla biblioteca piuttosto vasta dei classici di mia madre io mi andavo costruendo, con i pochi soldi che avevo, una piccola biblioteca personale, che il tempo e i cambiamenti hanno dissolto. Ma quell'edizione del '64 di *Se questo è un uomo* da allora non mi ha mai abbandonata, seguendomi fedelmente di casa in casa. Credo ci sia una ragione: il libro di Primo Levi, come il *Diario di Anna Frank*, è stato una sorta di vaccino, un vaccino polivalente. In primo luogo, naturalmente, dalle forme sintomatiche e asintomatiche – ce ne sono – dell'antisemitismo. Poi dalla dittatura e dalle sue inesorabili e inevitabili atrocità. Infine, da un certo vittimismo esistenziale che si insinua nella giovinezza, dandomi invece un'idea chiara e precisa di cosa è il dolore, la sofferenza, la crudeltà e soprattutto di cosa è il valore della vita umana.

Primo Levi fu deportato ad Auschwitz – per sua fortuna, come lui dice – "solo nel 1944, e cioè dopo che il governo tedesco, causa la crescente scarsità di manodopera, aveva stabilito di allungare la vita media dei prigionieri". Etty vi era morta nel novembre del '43, due mesi dopo esserci arrivata con tutta la famiglia. A differenza dello scrittore, attivo nella clandestinità antifascista e poi partigiano sulle montagne della Valle d'Aosta, fino alla cattura nel dicembre del '43, Etty, a partire dall'occupazione del giugno del 1940, aveva vissuto quotidianamente l'inesorabile montare della persecuzione nazista, prima di sperimentare a Westerbork che cos'è, e che cosa può diventare, la vita in un campo di concentramento.

Fin dalle prime pagine, con la perfetta compostezza del suo stile, *Se questo è un uomo* comunica un senso di pietrificato stupore di fronte all'inaudito, all'incomprensibile, all'impronunciabile orrore. Tutto si preannuncia nella notte della partenza del treno per il campo: "E venne la notte, e fu una notte tale, che si conobbe che occhi umani non avrebbero dovuto assistervi e sopravvivere". Ma gli occhi invece sono costretti a vedere, e lo straordinario dono di Levi sarà il talento di raccontare ciò che quegli occhi hanno visto, perché è necessario sapere. Per Etty invece, nel corpo a corpo tra il terrore e la quotidianità, si tratta di elaborare non solo una strategia di resistenza ma anche la strada di una comprensione che non faccia torto alla vita che, sì – lo dice e lo ripete – è una dura battaglia, ma non per questo deve smettere di essere bella e attraente.

È questa la sua scommessa, la sua acrobatica sfida, è

questo il lascito del suo diario: la bellezza della vita nei giorni dell'annientamento. Come dare, come trovare un senso in questa strada strettissima che è chiamata a percorrere.

Spier non è un'alternativa, una distrazione, un romanzetto consolatorio, è un tramite in questo percorso così originale e speciale, che quanti le stavano intorno, quanti si preoccupavano per lei, non riuscivano a capire. Klaas Smelik, l'ex amante, vorrebbe portarla via, nasconderla. Potrebbe farcela, ha conoscenze, è un uomo intelligente e attivo e sa come muoversi, ma lei si rifiuta. E altri dopo di lui le proporranno nascondigli, possibilità di fuga, l'invito concreto a sottrarsi. Etty è irremovibile. È una decisione che sorge subito, una risposta immediata dell'anima alla Storia. A ogni colpo, a ogni nuova sferzata di crudeltà dei nazisti alla comunità ebraica olandese, la decisione si rafforza, si intensifica, fino a diventare una visione, la proposta di un nuovo tipo di resistenza.

È il 15 marzo 1941 quando la strada che intende percorrere si precisa nella sua mente e si incide nelle pagine del diario come un'antica iscrizione che sfida il tempo e gli avvenimenti. Sono circa due mesi che frequenta Spier e lo aiuta in veste di paziente-discepola-assistente: durante gli incontri con gli altri pazienti e adepti, mentre Spier scorre con lo sguardo quella viva materia che sono le mani umane e, da quelle linee naturali, come da un tortuoso ruscello, cerca di risalire alla fonte dello spirito, Etty ha il compito di scrivere le sue considerazioni. O anche, certe volte, di rivedere gli appunti di lui. Il pomeriggio del 14 stanno rileggendoli insieme quando lei individua queste parole: "Basterebbe l'esistenza di un solo essere umano degno di questo nome per poter credere negli uomini, nell'umanità". Ha quella reazione di felicità e immediato sollievo che si ha quando qualcuno formula un pensiero che è annidato, ancora muto, nella nostra testa. La mattina dopo scrive: "Mi è venuto spontaneo buttargli le braccia al collo. È un problema attuale: il grande odio per i tedeschi che ci avvelena l'animo". Un odio che fa sì che "uno non se la senta più di vivere di questi tempi". Non solo sono già cominciate catture, deportazioni, improvvise sparizioni, persone che escono per comprare il latte e non fanno più ritorno, sono già cominciati i suicidi. Un ricordo la perseguita, un incontro casuale, per strada: vede uno dei suoi maestri, un noto sociologo, il professor Bonger, con la sua figura pesante, goffa, gli occhiali azzurri, che cammina lentamente; lei gli si accosta, lo saluta, lui non la riconosce – è uno dei suoi tanti studenti – la guarda smarrito ma benevolo, lei come spinta da una urgenza improvvisa gli chiede: "Crede che la democrazia finirà per vincere?". Lui le risponde: "Vincerà di certo, ma alcune generazioni ne faranno le spese". Il giorno dopo, arrivando in facoltà, qualcuno le dice che Bonger è morto. No, per Etty non è possibile, gli ha parlato il pomeriggio prima, erano le sette di sera, lui era calmo e gentile... Sì, è morto, le ripetono: alle otto di sera si è sparato in testa.

Bonger non è l'unico, commenta. È tutto un mondo che va in pezzi. "Ma il mondo continuerà ad andare avanti e per ora andrò avanti anch'io."

Quella mattina di marzo in cui annota la conversazione con Spier ha stabilito una volta per tutte – e non defletterà davanti a nessun orrore – la sua posizione, quello che chiama "il pensiero liberatore", uno stelo in un deserto di erbacce: "Se anche non rimanesse che un solo tedesco decente, quest'unico tedesco meriterebbe di essere difeso contro quella banda di barbari, e grazie a lui non si avrebbe il diritto di riversare il proprio odio su un popolo intero".

È una scelta che sosterrà fino alla fine, fino a quando anche l'ultimo brandello lacero di speranza sarà dissolto. Una posizione difficile da sostenere e difficile da comprendere. Chiacchiere etiche, le definisce sbrigativamente Jaap, il fratello di Etty che sta iniziando una luminosa carriera di medico scienziato che si concluderà in un corpo travolto dal tifo sul treno dei liberatori nell'aprile del 1945. Una persona strana, dicono di Etty gli amici, che quando tra il 1942 e il 1943 lo sterminio procede alacremente e non c'è più spazio per alcuna illusione tentano di salvarla. Ma per Etty è l'unica difesa possibile: "Odiare non è nel mio carattere" scrive con tutta la fermezza che le circostanze impongono.

Non si tratta dello slancio sentimentale di una ragazza incauta, non è l'espressione di una creatura ingenua e ignara. Nei mesi che verranno, lungo le pagine dei suoi quaderni, Etty costruirà sul rifiuto dell'odio il suo pensiero. Nessuna ingenuità, nessun facile sentimentalismo. È un'idea della vita che questa ragazza olandese di non ancora trent'anni – quei trent'anni che non raggiungerà mai – mette a fuoco giorno dopo giorno, parola dopo parola.

L'odio ferisce l'anima, pensa Etty. Difenderà la sua anima e la sua vita giovane, la sua felice e infelice giovinezza, con tutti gli strumenti che la semplice quotidianità le mette a disposizione: rammendare le calze e leggere Rilke, riordinare la cucina e ascoltare musica, riposare sul vecchio divano sotto la coperta blu, meditare su Dostoevskij e approfondire la conoscenza di quella che chiama la lingua di sua madre, il russo, sempre con la grammatica alla mano. Ci sono le visite, gli amici, la cuoca tedesca Käthe col suo fastidioso nazionalismo, le notti che passa abbracciata al vecchio Pa Han – che strano che continui a volergli bene e a trovare conforto accanto al suo corpo di uomo irrigidito dagli anni, mentre il cuore e talvolta la carne bruciano per il berlinese che legge la mano – ci sono i genitori da amare anche se spesso non li sopporta, la madre con la sua ossessione per i dolci, la goffaggine di suo padre che le provoca un senso di inferiorità quando arriva ad Amsterdam da Deventer, magari per seguire Mischa, che entra ed esce dagli istituti psichiatrici e non si esibisce mai al piano senza i genitori presenti. Tutti strani nella nostra famiglia, è il pensiero che non l'abbandona, come non l'abbandona l'amore che prova per loro, eppure sì, quando arriva si vergogna della goffaggine del vecchio Louis Hillesum che ha avuto tante difficoltà a insegnare perché non riusciva a tenere a bada l'esuberanza dei ragazzi, e anche ora che è vicepreside, una buona posizione che non durerà a lungo, continua a ripetere *povero me, povero me*, come ha fatto per tutta la vita.

Ne è convinta: "La vita è una battaglia", ma è altrettanto convinta che "l'odio indifferenziato è la cosa peggiore che ci sia". Per umiliare bisogna essere in due: chi umilia e chi si fa umiliare. Lei no, non si fa umiliare, e nella sede della Gestapo fa infuriare l'arrogante milite tedesco perché continua a sorridere malgrado la rabbia che monta sul viso dell'uomo che non sopporta il suo volto sorridente. Mentre tutto va in pezzi e lo spazio vitale si restringe come in un cubicolo strozzato – per gli ebrei neanche più le panchine per sostare un minuto: proibite; neanche i giardini o i boschi per respirare: proibiti; neanche i tram per spostarsi da una strada all'altra: proibiti – ne è sempre più convinta: l'odio è una malattia dell'anima. Ci tiene troppo alla sua esistenza e alla sua giovinezza, non può lasciare che si contamini, anche se l'odio gliela strapperà e presto, ne è sempre più consapevole. Ma intanto vola in bicicletta per le strade di Amsterdam, tre vie, un canale e un ponticello la separano dalle quiete stanze di Spier, e quando sta per arrivare il cuore si allarga.

Scrive Eudora Welty, grande autrice degli Stati Uniti del Sud, che sua madre leggeva Dickens con lo stesso trasporto con cui sarebbe fuggita con lui. A me è successo con Joseph Conrad: a vent'anni, quando ho cominciato a leggere i suoi romanzi, sarei fuggita volentieri con lui ovunque avesse voluto portarmi. E Conrad di viaggi se ne intendeva, avendo cominciato a diciassette anni, dopo aver abbandonato la nativa regione polacca allora dominata dalla Russia zarista, a percorrere traiettorie complicate in mari remoti – dal 1874 per i vent'anni successivi. Giovane incauto e bramoso di avventura, si era imbarcato per la prima volta a Marsiglia sul dissestato brigantino *Martinica* che faceva rotta verso l'Oriente.

Perché i viaggi che Conrad narra nei suoi libri mi sembravano più appassionanti di quelli descritti in altri libri d'avventura? Credo perché qui è l'anima che viaggia, non soltanto il corpo. E anima e corpo sono chiamati ad affrontare insieme terribili prove. Lo racconta fin dal primo libro in cui compare uno dei suoi grandi personaggi, il marinaio Marlow, che sarà poi il narratore nel più celebre dei suoi romanzi, *Cuore di tenebra*. È lui che, attorno al tavolo di mogano di una locanda malamente illuminata, riferisce ad alcuni occasionali compagni la prima avventura marina della sua vita, un'avventura davvero complicata, che introduce così: "Sì, ho visto qualcosa dei mari d'Oriente; ma ciò che ricordo meglio è il mio primo viaggio laggiù. Compagni, sapete bene che ci sono viaggi che sembrano progettati per illustrarci che cos'è la vita, e che potrebbero essere simboli dell'esistenza. Tu lotti, lavori, sudi, quasi ti ammazzi, e talvolta ti ammazzi sul serio, cercando di fare qualcosa... e non ci riesci".

La prima nave su cui si imbarca Marlow è un veliero scassato della marina commerciale inglese che deve portare un carico di carbone da Londra a Bangkok ma sembra perseguitato dalla sfortuna: incidenti a ripetizione ne ritardano la partenza, deve rientrare più volte in porto e una volta in viaggio un terribile incendio aggredisce la nave. Ma Conrad dà un titolo luminoso al racconto, *Youth*, giovinezza. Il marinaio è chiamato a mettere tutte le forze della sua anima in gioco: questa è la giovinezza, una lotta costante per far sopravvivere l'anima con tutti i suoi trasporti di fronte alle più tragiche e difficili e soprattutto incomprensibili circostanze della vita. Che quando si è giovani sembrano tragiche e difficili e incomprensibili anche se i mari della vita non sono minacciosi come quelli di Conrad e i tempi non sono scatenati come quelli di Etty Hillesum.

L'ormai vecchio marinaio che parla in quella scura locanda non vuole rievocare il suo eroismo, il pericolo, l'audacia, la fortuna e la sfortuna. No, vuole rievocare un paradiso perduto: "Ricordo la mia giovinezza e il sentimento che non tornerà mai più – il sentimento che potevo durare in eterno, sopravvivere al mare, alla terra e a tutti gli uomini".

È lo stesso sentimento che anima le pagine del diario di Etty e che trasporta chi legge, per usare ancora le parole di Conrad, in quella vibrazione interiore che ci attrae alle gioie, ai pericoli, all'amore, e alla trionfante convinzione di forza, del calore della vita in un pugno di polvere.

Ma il marinaio e la ragazza vivono questa stessa emozione in modi completamente diversi, come se il maschile e il femminile mostrassero due volti non solo differenti ma estranei, inconciliabili. Tutte le difficoltà che Marlow deve affrontare si trasformano in azione materiale – lottare contro il fuoco, il fumo, le onde –

tutto quello che Etty deve affrontare, decisamente più pericoloso e letale di un mare in tempesta, si traduce in una continua corsa a ostacoli interiore in un mondo che non concede nulla all'anima e annienta i corpi: "Siamo nella morsa di un grande e minaccioso destino". Ma, proprio come il giovane marinaio di Conrad, la sua giovane anima è pronta a mille acrobazie, a ogni sforzo pur di non rinunciare ai desideri e alle speranze dei suoi anni in fiore.

Direi che, almeno per buona parte del diario, il brigantino di Etty si chiama Spier. È lui il tramite per le prove della giovinezza, ma non perché si sia persa in un sogno d'amore. La relazione con il pacato e gentile Pa Han va avanti, è un porto affettivo sicuro per la ragazza. La passione amorosa, lo racconta con la sua puntuta grafia nei quaderni, l'ha vissuta tempestosamente con Max, l'attrazione e il conflitto e poi l'amicizia con Klaas. Di storie ne ha avute parecchie, si considera esperta e spregiudicata in eros, a un certo punto si sente attratta anche da una sua cara amica. Crede quello che credono molte giovani donne, come ci racconta la letteratura fin dai tempi più antichi, fin dai tempi del mito e delle metamorfosi – naturalmente Ovidio docet. Cioè che alla strada dell'anima si arriva attraverso le vie del corpo. E il corpo, per le giovani donne, spesso è un problema. Ricordo ancora oggi, dopo una infinità di anni, il dramma delle mestruazioni di una mia cugina: ogni mese un'esplosione di dolore cui pareva non ci fosse rimedio, le vecchie dicevano di mettersi un ferro bollente sulla pancia... Era una specie di tragedia a scadenza mensile che travolgeva le donne di casa.

Etty con i suoi mal di pancia, mal di testa, improvvisi attacchi di sonnolenza ha tutti quei disturbi che chiamiamo psicosomatici e la cui sorgente Freud colloca nella parte interiore e invisibile del corpo e non nella sua fisiologia. Ha improvvisamente freddo e non sa spiegarsi perché, oppure si sente affamata e sazia nello stesso momento. Poi avverte quella malinconia che aggredisce a tratti la giovinezza – "La mia vita è tutta sbagliata" – per cui in alcuni momenti sembra che tra noi e il resto del mondo ci sia una lastra di cristallo assolutamente infrangibile. (Certe volte, verso i vent'anni, quando andavo al cinema ero così avvolta da una nube scura che non riuscivo a seguire quello che accadeva sullo schermo.) Non sempre il suo corpo le piace. Anche il corpo per una ragazza può essere come il brigantino di Conrad, una potenza ribelle con cui è necessario lottare. Certe volte ce n'è un aspetto inaccettabile contro cui si scatena la propria avversione. Nel caso di Etty sono i seni. Qualcosa in quell'antico simbolo della femminilità che su di lei fiorisce prosperoso la disturba profondamente. Nei momenti migliori lei sente il suo corpo leggero, senza peso, “una piccola cosa che Dio nel suo volo aveva lasciato cadere”. Ma subito dopo si affaccia quello che chiama un “complesso d’inferiorità”, una inadeguatezza fisica che si percepisce nella giovinezza come un ostacolo tra noi e il mondo. “In tutti i romanzi le ragazze hanno giovani seni appuntiti; anche per me sono sempre stati un ideale.” Poi c’è una frase strana, come se citasse una poesia: “I miei / sono pesanti grappoli d’uva, come ha detto una volta Han, / gravano come pesanti e ricchi grappoli d’uva nelle mani di un uomo”. Quei seni l’hanno tormentata a lungo anche nei sogni: “Nei miei sogni mi sono spesso vista circolare con pesanti seni caricaturali...”. Ne parla anche con S., il quale reagisce con galanteria e non buttandosi ferocemente a interpretare il disagio come avrebbe fatto il mio psicoanalista. “Hai davvero esagerato con questa pesantezza” replica un giorno, “i tuoi seni sono come quelli di una ragazza di Tahiti.”

Glielo ha detto la notte in cui per la prima volta lei si è sdraiata nuda sul suo letto. Lei ci pensa e ci ripensa, ma quel disagio non la lascia. Per Etty non c’è una barriera tra sacro e profano, la vita, gli esseri sono un impasto denso e inestricabile, e tutto è un dono, se il male non lo ghermisce. Anche il complicato rapporto con il suo corpo di donna. Per le ragazze come lei e per le tante a venire che si sottraggono a un destino preconfezionato non c'è solo il freudiano disagio della civiltà, la nostra continua lotta per armonizzare pulsioni individuali e regole collettive, c'è anche uno specifico disagio della femminilità. Anche per questo ho amato gli scritti di Etty: tutta la sua intelligenza, la ricchezza del suo pensiero, la cultura e il talento non la mettono al riparo dai tormenti femminili. Oltre a sognare la caricatura dei suoi seni, le capita spesso di sognare sua madre: sono sogni aggressivi, ostili, che le dispiace fare. Poi, certe volte, per strada: "A volte, quando vedo [...] una donna bella e ben curata, assolutamente femminile e magari un po' stupida, sono capace di perdere la testa: allora il mio cervello, le mie lotte e sofferenze mi diventano un peso, li sento come qualcosa di brutto e non femminile e vorrei essere solo bella e stupida".

Ironica, ribelle, Etty non si fa intrappolare da questi pensieri. Pa Han la ama con una tenerezza paziente e paterna e la fotografa in continuazione, come si fotografa un volto amato e anche un bel paesaggio, o come se presentisse una sparizione. Quanto a Spier, in un modo contradditorio che non può non risultare doloroso alla ragazza ("Non voglio avere una relazione con lei"; "Devo confessarle che lei mi piace molto"), la lambisce talvolta con ritrosia, talvolta con irruenza con il suo desiderio.

Etty si comporta come Marlow. A differenza di altri, il giovane al suo primo imbarco non abbandona la nave, e ogni volta lotta contro incertezze, paure e avversità: vedrà da naufrago – e promosso capitano di una misera scialuppa di salvataggio con due stremati compagni a bordo – la costa dell'Oriente, ma nel ricordo ciò che resta è il vigore, la forza, l'entusiasmo della giovinezza.

Anche Etty difende accanitamente la sua giovinezza dalle imboscate del cuore e dalle aggressioni brutali dell'epoca. La difende con quanto di più peculiare, di più irripetibile la giovinezza possiede: quel fragile, acrobatico forse impossibile equilibrio tra l'introversione e l'estroversione, tra il dentro e il fuori che non combaciano, ma vorrebbero disperatamente incontrarsi, con tutto l'ardore che ne deriva.

Mentre scrivo, un ricordo riemerge dalla memoria. Alcuni anni fa vidi a Parigi, al Grand Palais, una mostra dell'artista francese Christian Boltanski, all'interno della quale era stato allestito un piccolo padiglione: vi si effettuava la registrazione dei battiti cardiaci dei visitatori che acconsentivano a farla. Lì per lì mi è sembrata una stranezza, poi, spinta da una forza che non sapevo spiegare, mi sono messa in fila. Una fila, con mia sorpresa, molto numerosa. Certo, c'è una facile spiegazione critica: si tratta di una opera aperta di cui il visitatore diviene parte registrando il ritmo del suo cuore. Però cosa importa al visitatore di diventare anonima parte di un'opera aperta? Posso parlare almeno per quel visitatore che sono io: a me non importa nulla. Allora cosa mi ha spinto a mettermi in fila? Di preciso non lo so. Ma probabilmente ho sentito – sentiamo – il battito cardiaco come qualcosa di prezioso e fragile, come qualcosa di estremamente personale, unico: quel battito è la nostra vita, la più intima delle testimonianze, e preservarlo, sia pure confondendolo in un suono universale, sembra una possibilità di salvezza. In seguito, ho letto da qualche parte che Boltanski aveva immagazzinato migliaia e migliaia di battiti – cuori, alcuni dei quali probabilmente ormai non battono più.

Questo suono, che è gradevole se lo si ascolta nel petto di una persona amata, ma diventa un rumore misterioso se martella il vuoto di un vasto spazio, è stato utilizzato dall'artista come colonna sonora di successive esposizioni, infine raccolto negli *Archivi del cuore* custoditi in Giappone, nell'isola di Teshima, ospiti – tutti quei battiti del mondo – di un museo, il Teshima Art Museum, un bellissimo spazio architettonico cavo in cui è possibile contemplare il silenzio.

Improvvisamente, Etty mi ha fatto tornare in mente quella mattinata al Grand Palais. Non ho malattie cardiache e finora il mio cuore è stato saldo come quello dei miei genitori, però fin dalla prima giovinezza è soggetto incontenibilmente ai miei stati d'animo. Aritmie, ogni tanto qualche extrasistole, molto frequentemente tachicardia. Succede anche quando apparentemente non c'è niente che mi agita, cioè è lui a segnalarmi che c'è qualcosa che mi agita anche se io non lo so. Etty parla in modo ricorrente dei suoi malanni, per esempio l'emicrania (ce l'ho anche io: l'emicrania è un male di cui non è facile individuare le cause, anzi diventa una sorta di caratteristica organica di chi ne soffre, una caratteristica ingombrante che crea una certa misteriosa affinità con gli altri emicranici, come se si facesse parte di una un po' losca setta segreta), il mal di pancia, o di stomaco, che sono comunque malanni affini al mal di testa (si dice che l'intestino sia un altro cervello), però definisce il suo cuore soltanto "un cuore nervoso" – come io posso definire il mio – e non ha mai problemi cardiaci, neanche nelle terribili condizioni di vita a Westerbork. Ma resta l'associazione tra Etty e i battiti raccolti da Boltanski.

Perché?

Credo che dipenda dalla lettura dell'edizione integrale del *Diario*, anni dopo quella del *Diario abbreviato*. Tra le due edizioni c'è una differenza non solo quantitativa. La prima, che lessi nell'85, al momento della pubblicazione, presenta un condensato della storia e del pensiero di Etty per momenti salienti. Alcune delle frasi di quel piccolo libro si sono stabilmente fissate nella mia memoria, altre sono trascritte su un quaderno, e il libro è tormentato come un campo di battaglia da segni, orecchiette e altri maltrattamenti. Etty, del resto, considerava quei suoi quaderni un campo di battaglia, anzi considerava la sua stessa vita, la sua stessa persona, un campo di battaglia e i quaderni possono essere visti anche come il fronte o la trincea della sua battaglia. L'edizione integrale è diversa, è trascinante come la corrente di un fiume in piena, ed è difficile isolare un periodo, un passaggio: quello che colpisce è il ritmo. Lì davvero si è in ascolto di un cuore, un cuore pensante, come Etty voleva essere, ma soprattutto un cuore col suo correre, in cui le parole sono battiti. Quella corrente ti trascina in una vita che non è la tua ma ti riguarda profondamente, così come ti riguarda profondamente quella colonna sonora di battiti raccolti da Boltanski, dove c'è anche il tuo di battito, ma non conta più degli altri, e certo non lo puoi identificare, c'è solo un grande suono e tu ci sei dentro.

Imperioso e imprevedibile, così è il cuore di Etty quando batte al nome di Spier, una sequenza di scosse sismiche, un moto ondoso che la avvicina e la allontana da lui. Intanto non sa decidersi se lo ama con l'anima, come vorrebbe, oppure con il corpo. Però lo ama: "E S., un momento estraneo, eppure familiare, molto lontano e insieme molto vicino, d'un tratto un brutto antichissimo gnomo, poi di nuovo uno zio benevolo un po' appesantito e ghiotto di biscotti, poi ancora lo charmeur dalla voce calda – sempre diverso il mio amico ma insieme lontano".

Paventa la propria sensualità e passionalità, che ha sperimentato nell'attrazione per il fidanzato della prima giovinezza Max, bello e seducente anche quando lo rincontra anni dopo la fine della loro relazione, e nelle amorose litigate con l'irruento Klaas Smelik. Si detesta quando non riesce a tenere sotto controllo i suoi sentimenti – anche la voglia di rimpinzarsi di cibo la fa infuriare. Non vorrebbe, ma è gelosa di Spier: "Mi irrita vedere tutte quelle donne intorno a lui, in attesa di ricevere l'una o l'altra parola saggia del Maestro", o addirittura: "S., il suo harem, il suo lavoro – mi disgusta profondamente". Però è felice quando si ritrova "fatalmente schiacciata contro il suo pullover rosso fatto a mano". Il giorno del suo vero compleanno, alla metà di gennaio del 1942, i suoi travagliati ventotto anni, lui le manda un mazzo di tulipani viola "in un'accurata confezione", e insieme agli auguri in un biglietto si congratula con lei per aver fatto passi fondamentali "sulla via che oltre alla realtà dei fatti, conduce alla 'realtà dell'anima'".

Sembra che entrambi, quando stanno insieme, si perdano spesso nel labirinto che collega in un indecifrabile percorso l'anima e il corpo, sembra che facciano una gran confusione. Etty parla molto non solo di ciò che sente ma anche di ciò che pensa, è un nuovo tipo di donna in amore: se ama, non per questo vuole abbandonarsi a una tempesta romantica in cui annega ogni pensiero critico. In lei il giudizio è sempre attivo, anche se la piena dell'istinto d'amore che la lega a S. è difficile da arginare. È un problema, crede, perché lei è una donna, e le donne amano troppo, soprattutto disperdono il loro patrimonio d'amore verso un solo sbocco, cioè l'uomo di cui sono innamorate. Riflette brevemente, come di sfuggita, su quella che chiama "la questione femminile": "C'è davvero una complessa questione femminile: abbiamo dato inizio a un'epoca pesante, noi donne in apparenza emancipate, e sono curiosa di vedere dove ci porterà questa strada". Non lo vedrà. Ma nonostante le sue incertezze e confusioni sentimentali, in fatto di uomini, o meglio di virilità, ha idee molto precise: "Credo che in futuro saranno più importanti e più innovativi quegli uomini che hanno in sé una buona parte di femminilità – e che però in questo sono veri uomini". Li definisce uomini che sanno funzionare da segnavia per l'anima. "E non quei tipi 'lui', quei Führer e quegli eroi in uniforme. Non quelli che comunemente vengono chiamati 'veri uomini'; ma forse il tipo che dico io esiste solo nella fantasia delle donne." Era il marzo del 1942: dovranno passare molti decenni prima che questo pensiero di Etty trovi l'inizio della sua strada.

Intanto di uomini così almeno uno lei lo ha incontrato, Spier, che malgrado il suo carisma non è certo un Führer.

Etty giorno dopo giorno cerca di riorientare il suo amore per lui verso quella che S. chiama "la realtà dell'anima".

Mentre lo cerca, cerca sé stessa. Il suo perdersi in lui tende a un ritrovarsi in sé stessa, a risolvere quello che è il compito più duro della giovinezza: far coincidere l'interno con l'esterno, la vita interiore e le sue centrifughe attrazioni con la più centripeta vita esterna. Non è vero che il mondo è pieno di tentazioni, è l'anima a esserlo. Spier entra nella sua storia come un demone che pone sempre nuovi problemi. Piccole frasi, certe volte lapidarie sentenze telefoniche: "Com'era ieri, l'ho trovata incantevole, così tranquilla e al tempo stesso così inquieta".

Tranquilla è come Etty vorrebbe essere, inquieta è come è. Per un crudele capriccio del destino, la tranquillità dell'anima la raggiungerà solo alla fine, nella turbolenza del mondo intorno a lei, e la sua inquietudine sarà affidata a Dio, al loro intensissimo dialogo, così appare dal *Diario*. Ma nei lunghi mesi che trascorrono da quel giorno di marzo del '41 in cui bussa alla porta della Courbetstraat alla terribile estate del '42 – il fango di Westerbork, la morte di Spier – Etty continua il suo romanzo di formazione, la sua storia di eroina che ama e contemporaneamente pensa.

Il corpo ha le sue ragioni, e le fa sentire: improvvisamente dopo il lavoro, nel piccolo alloggio dove lui vive lavora e scrive, si guardano nella penombra, accanto al letto: "D'un tratto ci siamo buttati insieme su quel letto". Oppure si trovano bocca contro bocca, uno sull'altra sdraiati, sulla terra arida della brughiera. "L'equilibrio tra corpo e anima nella nostra relazione si è rotto"; "Il corpo si fa sentire e mi affatica." Così elabora rigidi programmi per tenere a bada nonostante tutto quel fragile equilibrio: "Non mi sposerò mai. Non devi dividere il grande Desiderio in molte piccole soddisfazioni".

Lei è l'eroina del grande Desiderio – per questo leggendola me ne sono innamorata.

Però è la prima a prendersi in giro per la sua incontenibile ansia di assoluto: "Una patetica rompiscatole" si definisce. Ma quando l'assedio della persecuzione è più stretto, si rallegra che lei e Spier siano entrambi ebrei, medita di sposarlo per poterlo seguire nella deportazione in Polonia, che ormai le appare inevitabile.

Solo una volta – così sembra dal diario, che sul sesso è molto pudico – in una sera primaverile, in quel terribile terzo anno di guerra, fanno l'amore. Eppure, lei sembra aspirare ad altro: vorrebbe respirare con la stessa bocca di S., un unico respiro per due, non sentirsi triste e abbandonata ogni volta che lui pronuncia una parola troppo impersonale, tornare ad ascoltarlo quando, disinvoltamente, le dice: "Sei pure carina da guardare".

Anche Spier è perso tra l'anima e il corpo, lo raccontano le immagini fotografiche della sua persona: un uomo pesante, con un viso dai lineamenti sensuali, la bocca soprattutto, smentiti dalla fronte alta e lo sguardo liquido degli occhi. Spier è un uomo stanco, ha avuto una moglie, dei figli; voleva fuggire lontano, più lontano della patria tedesca, ma dal momento che in Inghilterra non l'hanno voluto – forse per quella strana attività che dice essere la sua professione – si è fermato lì, in quella terra di transito, che probabilmente capisce essere il luogo dell'esilio definitivo, l'esilio finale. Gli piace cantare, ma il pianoforte non entra nelle due stanzette dove alloggia: grazie a Etty lo strumento viene accolto in casa del signor Wegerif, uomo gentile e ironico che non si accorge di quello che prova la sua ragazza per l'uomo di Berlino, o forse se ne accorge e si limita ad accendere la pipa con tolleranza, esattamente come fa quando la vede china ore e ore sui suoi quaderni. La guerra rende tutto tragicamente pesante ma insieme tutto è effimero, inconsistente, tutto può sparire da un momento all'altro. Forse è per questo che Pa Han ha la mania di fotografare Etty. Lei ci è abituata, forse le fa piacere; certe volte sì, certe volte no. Un giorno Pa Han la rimprovera perché da dietro l'obiettivo il suo volto non funziona, lo sguardo o l'espressione, qualcosa non va, ed entrambi si irritano tanto che la sessione fotografica si interrompe.

Etty scrive sul diario: “Quando sei totalmente presa da qualcuno, non riesci ad avere un contatto con un altro”.

Poi ci sono dei momenti di esplosiva felicità, le mani di Spier che l’accarezzano (“Una parte integrante del nostro dialogo quotidiano”), lei con lui seduti al sole sul tetto di casa, e il volto di lui così grave e malinconico che si anima in una risata, lei che scherza sul suo futuro di viaggiatrice: “Siamo stati così per venti minuti e io ho vissuto, per così dire, alcune settimane di luna di miele su una lussuosa spiaggia di Miami”.

Dei battiti raccolti negli *Archivi del cuore* su quella silenziosa isola del Giappone, qualcuno sarà stato di un cuore innamorato, qualcuno di un cuore sofferente. Un’unica colonna sonora.

"Con una nave a vela appuntata sul mio cappello di astrakan, costeggio pedalando colline di neve ghiacciata ai lati delle strade"; "Ieri sera, mentre andavo da lui in bicicletta, avevo dentro un grande e dolce desiderio di primavera"; "Mi sento d'un tratto colma di uno straordinario entusiasmo, forse anche perché il vento talvolta mi soffia proprio dritto in viso e io mi reggo forte alla mia bicicletta, che sento sotto di me come un cavallo da domare."

A Westerbork non ci sono biciclette. Del resto, non ci sono strade, ponti, canali, e il vento non soffia tra i capelli ma nei vicoli tra le baracche, e quando il fango invernale si asciuga si solleva molta polvere che è difficile pulire perché l'acqua non c'è e quella che elargiscono non basta.

Non posso seguire Etty a Westerbork, nessuna identificazione è più possibile tra lei nel campo nazista e me che leggo. Sono sicura che nei nostri vent'anni saremmo state amiche, abbiamo troppe cose in comune, amiche all'università nelle serate di chiacchiere sui grandi temi del mondo e sui grandissimi temi della incomprensibile intimità, oppure quando lei alloggia sulla Gabriël Metsustraat: le avrei vivamente consigliato di rompere con Pa Han, di rimettersi con Klaas, un tipo davvero affascinante, un po' progressista un po' prepotente, quanto a Spier no, non avrei saputo che dirle, delle passioni che si può dire, non c'è torto o ragione... E invece sui libri molte discussioni, certo lei sa il russo e io no, ma anche io sprofondo nei libri russi, lei non parla del mio prediletto Turgenev (con Dostoevskij non si trovavano, fatti personali pare, ma secondo me anche letterari); davvero abbiamo mille cose in comune, a entrambe nei turbinosi vent'anni certe volte sembra di soccombere al più usato destino femminile, ma sempre saldamente insofferenti al preteso ruolo donnesco, entrambe in cerca d'amore ma sospettose di nozze e famiglie...

Sì, leggo Etty come in uno specchio, ma non quando va a Westerbork. Tra me e lei si alza un muro, che lei stessa ha definito con precisione ancora prima di entrare nel campo, il 14 giugno 1941, e di cui posso solo silenziosamente prendere atto: "Di nuovo arresti, terrore, campi di concentramento, sequestri di padri, sorelle e fratelli". Poi, dopo l'estate del 1942, quando per accontentare la famiglia ha accettato di lavorare al Consiglio ebraico (una via di mezzo "tra un inferno e un manicomio"), che avrà un ruolo terribilmente negativo nella sorte degli ebrei olandesi (Etty cercherà di contrastarlo mettendosi al servizio dei più derelitti e dei più bisognosi), sa che ogni speranza, esattamente come entrando all'inferno, va lasciata al mondo di fuori: "Incomincerò a fare ordine nelle mie carte e ogni giorno dirò addio". Non ha più incertezza: "La nostra distruzione si avvicina".

A Westerbork fa suo un motto di Gesù che compare nel Vangelo di Matteo: "A ogni giorno la sua pena". Vuol dire che bisogna affrontare la vita con ciò che propone giorno per giorno, limitando l'affanno ossessivo della previsione, della programmazione e della progettazione (insomma, qualcosa di molto diverso da quello che facciamo normalmente noi donne e uomini occidentali), ma che riferito al campo, dove se non si moriva di stenti e malattie ci si preparava al carro bestiame per Auschwitz, suona anche come un monito: ogni giorno avrà una sua peculiare pena. Etty sembra affrontare una pena alla volta, come se questo le impedisse di perdersi d'animo. E in effetti glielo impedisce. Persino a Westerbork continua, anzi si intensifica, la sua appassionata ricerca del tempo presente. E la ricerca di sé stessa.

Questa ragazza di ventinove anni – quei ventinove anni che avrà per sempre – ad Amsterdam tormentata dalle restrizioni e nella brughiera del Drenthe dalle privazioni, stremata da malanni, degenze ospedaliere, infine dalla morte di S., la scomparsa nel nulla di quella lettera magica che mobilitava tutto il suo essere come un richiamo, a Westerbork riesce a trasportare ciò che resta del suo infrangibile ardore.

Lungo quali vie l'ardore può esprimersi in quel luogo di cenere? Mi sembra di averne individuate tre, come un estremo suggerimento, nelle pagine degli ultimi quaderni e nelle lettere: l'amicizia, l'amore, la preghiera.

Dopo la pubblicazione del diario Hillesum e in seguito delle lettere sono fioriti numerosi studi, convegni, libri a lei dedicati. In ciascuno di essi si avvertono stupore e ammirazione di fronte all'opera riemersa come il tesoro di un veliero dalle acque più torbide della storia novecentesca. Ma ci sono due modi opposti di considerare il suo atteggiamento – per dirla con lo studioso delle persecuzioni novecentesche Tzvetan Todorov – di fronte all'estremo.

A un certo punto, nel momento in cui tutti hanno capito – salvo le finzioni dei numerosi collaborazionisti – che per gli ebrei olandesi non c'è scampo, Klaas Smelik e sua figlia Johanna decidono addirittura di rapire Etty per metterla in salvo. Decidono di rapirla per forzarne la volontà, ma lei si ribella vigorosamente. Racconterà Smelik: "Mi guardò con una strana espressione e mi disse: 'Tu non mi capisci'. 'No, non capisco cosa diavolo stai facendo' risposi io, 'rimani qui, stupida.' Ma lei disse: 'Voglio condividere il destino del mio popolo'". E allo stesso modo si sottrae agli altri amici che le propongono nascondigli. Forse nessun nascondiglio l'avrebbe salvata, ma il punto è che lei non vuole salvarsi mentre gli altri soccombono.

Lo dice chiaramente e le ragioni sono sostanzialmente due. La prima è che Etty, come afferma, si sente solidale e legata al suo popolo, il popolo ebraico, al quale capisce in quel momento di appartenere integralmente. L'altra ragione potrei riassumerla così: accettazione del destino, accettazione della vita, accettazione dei misteri di Dio.

È un sentimento che percorre tutta l'ultima parte del diario e le lettere dal campo, e che poche parole del luglio del 1942 esprimono con chiarezza: "Molte persone mi rimproverano per la mia indifferenza e passività e dicono che mi arrendo così, senza combattere. Dicono che chiunque possa sfuggire alle loro grinfie deve provare a farlo, che questo è un dovere, che devo fare qualcosa per me. Ma questo conto non torna. In questo momento, ognuno si dà da fare per salvare sé stesso: ma un certo numero di persone – un numero persino molto alto – non deve partire comunque?". Più avanti: "Trovo tutti questi ragionamenti così convenzionali e primitivi e non li sopporto più, non mi sento nelle grinfie di nessuno, mi sento soltanto nelle braccia di Dio". Insiste e lo ripete in molti altri passaggi: ognuno deve vivere secondo il proprio carattere, è necessario "fiorire e dar frutti in qualunque terreno si sia piantati". Il sentimento di libertà che ha guidato la sua vita di giovane donna – amori, letture, pensieri – non viene meno, vuole fare a modo suo, nei confronti degli uomini, anche degli assassini, e nei confronti di Dio.

"Non basta predicarTi, mio Dio... Ti prometto che cercherò sempre di trovarTi una casa e un ricovero. In fondo è una buffa immagine: io mi metto in cammino e cerco un tetto per Te..." Lo scrive in un momento di massimo dolore, due giorni dopo la morte di Spier, ma il tono del suo dialogo con Dio non è cambiato dalle giornate luminose dei primi mesi del felice 1941: sempre avrà la certezza, che è la certezza della fede, che Dio è colui che ti ascolta.

Certamente, l'avessi conosciuta, avrei fatto parte di quelli che la incitavano a salvarsi, avrei collaborato con Klaas, il "vecchio e arrabbiato militante di classe", per rapirla e nasconderla, anzi mi sarei infuriata per la sua ostinazione. Ma ora, di fronte alle opinioni a posteriori, non sono d'accordo né con chi critica la sua decisione di non sottrarsi né con chi la esalta come esempio. Alcuni dicono che accettare il male è sbagliato, si fa il gioco del nemico. Vero, ma lei non accetta il male, sceglie una via che è la sua, in cui lo sdegno, il giudizio umano e morale prendono il posto dell'odio. Altri ammirano in lei la martire, la filosofa del dolore, una nuova teologa del *Deus absconditus*, il dio che si nasconde agli occhi dei fedeli. Ma da quanto scrive non sembra che si senta una teologa, tantomeno una martire, e non credo le avrebbe fatto piacere essere definita così. Non c'è in lei una ambizione al dolore – vorrebbe sempre essere tra le braccia di S., vorrebbe perdersi sulla sua strana bocca in un bacio infinito, oppure mangiare le fragole, andare ai concerti, leggere fino a stordirsi le poesie di Rilke, imparare alla perfezione la grammatica russa in modo da finire *L'idiota* senza difficoltà, andare in bicicletta per le vie di Amsterdam col vento che le soffia tra i capelli – non c'è tregua nel vortice dei desideri che sono l'essenza della sua giovinezza. A differenza di Edith Stein non è una teologa, a differenza di Simone Weil non è una filosofa. Prende la sofferenza con la stessa libertà con cui ha preso gli inviti complicati della vita. E dichiara attraverso il suo diario una precisa, per nulla sentimentale, convinzione: "Una cosa, tuttavia, è certa: si deve contribuire ad aumentare la scorta di amore su questa terra. Ogni briciola di odio che si aggiunge all'odio esorbitante che già esiste, rende questo mondo più inospitale e invivibile". Tuttavia. I motivi per perdersi nel buio caotico del momento sono innumerevoli, ma bisogna aggrapparsi, come a un filo sottile e resistente, a qualche *tuttavia*. È lei, Etty Hillesum, come è e ha cercato di essere, gentile e irriverente, compassionevole e libera, fino in fondo fedele a sé stessa. Lo dice e lo ripete che questa è la sua ambizione, essere fedele al suo sentire, al suo stile umano. Ecco, dunque, che trova le sue strade: non la fuga, non l'odio, ma l'amicizia, l'amore, la preghiera.

Nell'edizione integrale delle *Lettere* sono riprodotti i ritratti fotografici degli amici di Etty. Molte le ragazze, Adri, Henny, Dicky, Gera... visi con quella lontananza e inafferrabilità che le vecchie fotografie stendono sui lineamenti e sulle espressioni come un imperituro maquillage. Penso alle mie amicizie: gli amici, forse soprattutto le amiche, hanno scandito le stagioni della vita come dei segnalibri incarnati nelle pagine del tempo. Ho sempre avuto una cattiva memoria per le date, non ricordo mai gli anni e neppure i decenni, e confondo i periodi come se il tempo interiore che mescola passato e presente avesse la meglio sul tempo esteriore che invece li allinea. Fin dai tempi della scuola a ogni amica – qualcuna rimasta, qualcuna perduta – è legato un pezzo della mia storia. Per Etty non è così: le amiche sono soprattutto quelle del momento decisivo della sua formazione, il momento testimoniato dal diario. Ma assolvono la stessa funzione che hanno avuto per me: una sorta di barriera, meno spigolosa dell'amore, meno problematica della famiglia, nei confronti del mondo e della vita. A un'amica, l'infermiera Maria Tuinzing che si era unita al gruppetto di inquilini di casa Wegerif, affida i quaderni prima di essere deportata.

Sono importanti le amiche e naturalmente gli amici. Etty a Westerbork mantiene contatti epistolari con le ragazze di fuori – con dolcezza, senza risentirsi perché la loro vita non è dura e minacciata come la sua – e riesce anche a farsi nuovi amici. Dialogare, parlarsi, anche scherzare è necessario in qualunque circostanza, almeno finché si ha voce. Anche con i compagni di vita nel campo, Osias, Jopie, Philip, con cui gioca a scacchi e beve qualcosa che somiglia a un caffè (caffè e tè erano comunque razionati dal primo giugno 1940), o chiacchiera seduta su un bidone guardando, quasi fosse un giardino incantato, il prato di lupini gialli, unici fiori della brughiera del Drenthe. Protegge fino in fondo una traccia di vita sociale tra le baracche, è affettuosa e spiritosa come se anche quello fosse un compito ineludibile.

Il campo Westerbork, nella desolata brughiera dell'Est olandese, dopo l'occupazione e soprattutto quando è passato sotto il comando della polizia tedesca, è una tappa di sfinimento e brutalità prima della deportazione finale. Dal 15 luglio 1942 i convogli partono ogni settimana, stracarichi di uomini donne vecchi e bambini, malati e sani, e in breve tempo lo squallido ma ordinato villaggio costruito nel '39 si trasforma in un ammasso di baracche, dove manca tutto salvo la crudeltà di chi comanda. Etty cerca di portare sollievo ai sofferenti, ascolta fragili confidenze, tesse il legame con i suoi nuovi amici e coltiva instancabilmente quello con i suoi genitori, catturati nel rastrellamento del giugno del 1943 e portati al campo insieme al figlio pianista. Per quei pochi mesi prima della partenza per la morte, la famiglia Hillesum conobbe un'armonia che non aveva mai conosciuto, ed Etty amò il vecchio Louis e la vecchia Rebecca come non li aveva mai amati.

Il timido, ritroso, disordinato, disadattato Louis divenne uno stoico e gentile punto di riferimento nel campo, teneva delle piccole conferenze e spendeva il suo sapere di conoscitore delle lettere antiche usando Tucidide o Lucrezio per portare un po' di ristoro ai vecchi come lui o a qualche giovane curioso. Etty non si vergognava più della sua goffaggine, non lo avvertiva più come un peso ma come un dono. Ammirava anche sua madre, che cercava di essere ben vestita e sempre con i capelli a posto tra il fango e la sporcizia dei vicoli sterrati. Curò suo padre, sempre più debole e stanco, e accudì suo fratello. E rimase impassibile, amorosamente paziente anche quando una iniziativa di Rebecca precipitò la loro fine.

Per una sorta di crudele scherzo del destino è proprio lei, Rebecca, lei che era fuggita affannata e terrorizzata dai pogrom della sua patria verso una terra che pensava ospitale, lei che era rimasta in Olanda mentre i suoi famigliari navigavano verso l'altra sponda dell'Atlantico, fiduciosa che diventando la signora Hillesum il passato sarebbe stato cancellato, è proprio lei, Rebecca, a firmare per troppo amore l'atto di morte della sua famiglia. Dal campo di Westerbork, che è ormai un luogo di partenze senza ritorno dove l'unica speranza semmai è non farsi notare, mimetizzarsi con gli sterpi della brughiera illudendosi, come sterpi al gelo, di resistere un po' più a lungo, proprio da lì Rebecca decide di esprimere la sua indignazione e la sua protesta contro l'ultimo dei soprusi che ha subito. È venuto fuori che Mischa potrebbe salvarsi se accettasse, come altri artisti con la stella gialla, di trasferirsi nel campo di Barneveld, dove venivano internati gli ebrei con uno status particolare. Ma Mischa non vuole partire senza i genitori, e a essi non è concesso di accompagnarlo.

Rebecca scrive una lettera al capo delle SS dei Paesi Bassi, e lui reagisce a quella che considera una intollerabile audacia ordinando l'immediata deportazione di tutta la famiglia. È una di quelle situazioni in cui una sorta di sia pur sommesso discredito si dirige verso la vittima: che idea scrivere a un aguzzino nazista! Come se la colpa fosse la lettera e non la brama omicida del responsabile del campo.

Rebecca amava e apprezzava appassionatamente i suoi figli, ma i confini della sua emotività erano incerti, labili, tutto quell'andirivieni di emozioni si riversava sui ragazzi con tracce che non se ne volevano andare, ed Etty soprattutto, come succede alle figlie rispetto alle madri, benché fosse la più solida dei tre, temeva il contagio. Lo temeva tanto che quando si è accorta di essere incinta nel dicembre del 1941 ha sentito l'imperioso e doloroso dovere di interrompere la gravidanza ("Ho assistito poco tempo fa alla scena di Mischa, che in uno stato di totale confusione era stato portato a forza in una casa di cura, ho giurato allora che dal mio grembo non nascerà mai un essere altrettanto infelice"). Ma ora nel campo tutto fa parte di un passato che non conta più, ora per sua madre e le sue fragilità emotive ha solo tenerezza. Per quanto sia paradossale Louis, Rebecca, Etty e Mischa sono adesso una famiglia felice.

Per me è impossibile capire che cosa davvero succede a Etty Hillesum a Westerbork, grazie a quale magia interiore riesca a diventare, come scrive, "il cuore pensante della baracca": è il segreto della sua anima, non credo si debba troppo interpretare, non credo si debba trasformare questa passionale e turbolenta ventinovenne in una immaginetta devozionale.

Nella vita di Etty al campo tutto appare molto naturale. Se a casa di Pa Han lavava i piatti, rammendava le calze, rifaceva i letti, poi si sedeva alla scrivania a leggere e scrivere, ora, al campo, va di baracca in baracca, porta ai più sofferenti quel po' di cibo o di acqua calda che può trovare, cerca qualche indumento per chi ne ha più bisogno, invece che con la domestica Käthe o con lo studente Bernard chiacchiera con qualche vecchietta in vena di ricordi, poi si cerca un cantuccio e si mette a leggere e scrivere. È tutto molto naturale anche quando si rivolge a Dio. Non ha per niente l'atteggiamento di una Maddalena pentita, non c'è all'orizzonte nessuna redenzione da ottenere, lei è lei, con tutta intera la sua irriverenza, la sua vita "libera e sregolata".

E il suo molto personale dialogo con Dio non cambia, si intensifica quando i tempi si fanno più duri, cioè quando lei sceglie di diventare residente al campo (i nazisti sciolgono il Consiglio ebraico lì presente: alcuni tornano ad Amsterdam, chi sceglie di restare, come

Etty, invece non potrà più andare e venire con la città, in altre parole sarà prigioniero), ma soprattutto si è intensificato dopo la morte di Spier. Il declino dell'uomo di Berlino è stato rapido, una malattia polmonare gli viene diagnosticata all'inizio dell'estate del '42 e il 15 settembre di quell'anno muore. Il giorno dopo la Gestapo sarebbe venuta a prenderlo per deportarlo, ma la morte l'ha battuta sul tempo. Etty lo ha pianto con tutto l'amore e il dolore possibile, e gli ha rivolto un addio in una lettera spedita solo al suo diario: "Avrei ancora mille cose da chiederti e da imparare da te, ora mi toccherà far tutto da sola... In te c'erano tutto il male e tutto il bene che possono esserci in un uomo: i demoni, le passioni, la bontà...". Poi ha messo nel portafoglio il piccolo pettine rosa sdentato con cui Spier pettinava all'indietro i suoi radi capelli per lasciare sgombra l'alta fronte, ed è rimasta fedele a sé stessa nel suo dialogo con il mondo e in quello con l'eternità e il suo abitante.

Con Dio Etty aveva cominciato a parlare in grande confidenza molto prima di Westerbork. Voleva scrivere una novella intitolata *La ragazza che non sapeva inginocchiarsi*. Penso che sarebbe stata una novella a lieto fine perché nell'autunno del 1941 racconta al diario che tutt'a un tratto nella sua stanza, su una vecchia stuoia di cocco, si è trovata in ginocchio: "Spinta a terra da qualcosa che era più forte di me". Quel gesto le appare "così intimo come i gesti dell'amore, di cui pure non si può parlare se non si è poeti". Tanto che una volta che si era improvvisamente inginocchiata nella camera da letto di Pa Han e lui entrando l'aveva trovata china a terra, lei gli aveva detto che stava cercando un bottone. Come se fosse molto gelosa del suo inginocchiarsi e anche del suo conversare così confidenziale, così intimo con Dio. Intimo al punto che, quando tutto precipita e Dio sembra disperatamente lontano, lei ne diventa l'avvocato, lo difende, insiste che bisogna perdonarlo, che la responsabilità di ciò che accade è degli uomini, e che Dio va aiutato. "Dio non è responsabile verso di noi. Siamo noi a esserlo verso di lui." E quando, nel luglio del '42, le minacce e il terrore crescono di giorno in giorno, scrive: "M'innalzo intorno la preghiera come un muro oscuro che offra riparo, mi ritiro nella preghiera come nella cella di un convento, ne esco fuori più raccolta, concentrata e forte. Questo ritirarmi nella chiusa cella della preghiera diventa per me una realtà sempre più grande...".

Questa è la sua parola scandalosa, imprevedibile e indimenticabile: "Se Dio non mi aiuterà più, allora sarò io ad aiutarlo".

Perché si scrive? Oppure, in maniera più diretta: cosa l'ha spinta a scrivere?

A un certo punto delle presentazioni di un libro e negli incontri con il pubblico c'è sempre qualcuno che con la stessa aria con cui domanderebbe: "Scusi, lei sa per caso che ora è?" domanda: "Scusi, lei sa per caso perché si è messa a scrivere?". Sono spesso persone giovani, molto spesso giovani donne. Io mi sforzo di rispondere, ma rispondo sempre cose diverse. La verità è che non posso dare una risposta esatta. Non saprei dire perché scrivo, perché si scrive. Forse ci sono persone che scrivono per diventare scrittori, cioè per rivestire quel ruolo (ma è un ruolo?) o per fare quella carriera, così come ci sono persone che vogliono diventare chirurghi o avvocati, cioè per intraprendere una professione o inseguire un ideale. Non è il mio caso.

Quando, in una delle mille interrogazioni burocratiche cui siamo sottoposti, dopo i dati anagrafici viene la professione metto sempre giornalista, e così rispondo anche negli ambulatori o in banca. Non so perché ma mi vergogno di dire "scrittrice", mi sembra che sia qualcosa che con la palude burocratica non ha nulla a che fare. Eppure, sicuramente il desiderio di scrivere, di essere una scrittrice da qualche parte doveva covare dentro di me anche quando non ne ero consapevole. Certe volte penso alle strade che a un certo punto, finito il liceo, sono stata tentata di intraprendere. Mi ricordo che gli ultimi giorni dell'ultimo anno di scuola – mi piaceva molto la mia classe, i miei professori, i miei compagni, ma non vedevo l'ora che il liceo finisse per non alzarmi più tutte le mattine alle sette – durante il terzo trimestre ci portarono in un bell'edificio e ci fecero fare dei test attitudinali: non ricordo i quesiti, ma alla fine venne fuori che ero portata per la biologia. Ogni tanto penso a quel mio mancato mestiere di biologa con grande nostalgia. Poi mentre stavano per scadere i termini per iscriversi all'università avevo quasi deciso per Giurisprudenza. Ma intervenne la mia amica bionda con gli occhi azzurri e molto intelligente, di cui ho già parlato, e mi convinse a iscrivermi a Lettere con indirizzo Storia dell'arte. La mia amica aveva una zia avvocato, una donna bella e simpatica ma molto infelice, e pensava che fosse meglio tenersi lontane dai codici. Non mi sono mai pentita di non essermi iscritta a Giurisprudenza, anche se io non volevo fare l'avvocato ma il giudice dei minori, naturalmente con l'idea utopica di proteggerli sempre, anche se fossero stati rapinatori e assassini. Comunque, malgrado gli studi di Storia dell'arte mi fossero piaciuti moltissimo e fossero stati coronati da gratificanti successi accademici (ottimi voti, ottima laurea, una vorace passione per il mondo delle immagini in tutte le sue forme ed epoche che non mi ha mai abbandonato) non diventai neanche storica dell'arte. E a torto o a ragione la scrittura lentamente avanzò le sue pretese. L'unica risposta sincera alla domanda "perché si scrive?" che mi sentirei in grado di dare è: "Per la stessa ragione per cui gli uomini del Paleolitico tracciavano la figura delle loro mani sulle pareti delle grotte di Lascaux o di Altamira". Cioè? No, non aggiungerei nessuna spiegazione.

Etty lungo tutto il diario ripete che vuole scrivere. Con i suoi repentini ed esplosivi salti di umore, giorno dopo giorno, con andamento da sismografo alterato, si contraddice quasi su tutto: sulla vita – terribile e meravigliosa; su Spier – insopportabile e adorabile; sul padre – che la imbarazza e la intenerisce. Su una questione non cambia mai opinione: vuole essere una scrittrice. Non cambia mai opinione neanche sulla lettura. Sa che per scrivere bisogna leggere, così come un falegname sa che per costruire tavoli bisogna conoscere i legni, tanti tipi di legno.

Anche nei momenti in cui mancava tutto il resto, dall'affetto al denaro, a casa mia i libri non mancavano, anzi, non mancavano nelle mie diverse case. Da mio padre, a Napoli, c'era una libreria piuttosto elegante di legno intarsiato, a diverse ante chiuse da grate, piena di classici ottocenteschi, soprattutto francesi in lingua originale, ma non li ho mai presi e letti. A Roma, mia madre invece aveva molti contemporanei, cioè letteratura del Novecento, di tanti diversi paesi – era appassionata in particolar modo di Thomas Mann e Strindberg – ma non leggevo neanche quelli. Leggevo i libri della biblioteca scolastica, gli italiani, tra cui amavo moltissimo Pavese e Bassani, ma soprattutto, come ho detto a proposito di *Se questo è un uomo*, mi piaceva leggere i libri che mi compravo con i pochi soldi che racimolavo. Il piacere della lettura cominciava dall'acquisto, in genere edizioni economiche, specie i meravigliosi libricini maneggevoli e così intimi della Bur, con quella friabile copertina grigia che sembrava fatta apposta per essere maneggiata e rovinata con amore. In realtà compravo solo tascabili, per il prezzo ovviamente, ma anche perché erano leggeri e amichevoli e con delle prefazioni che, a lettura terminata, e solo alcune volte, si rivelavano utili. Non seguivo né generi né tendenze, le mie letture erano un'accogliente torre di Babele, al liceo avevo una passione per Tolstoj ma mentre preparavo la maturità lessi tutta la serie di Sherlock Holmes.

Anche la scrivania di Etty è piena dei libri più svariati. È uno degli aspetti della realtà che le fa dire: "La vita è comunque bella". È il suo modo di cominciare la giornata, leggere: "Ci si lamenta di come fa buio al mattino. Per me, invece, è spesso l'ora migliore del giorno – quando l'alba si affaccia grigia e silenziosa alle mie pallide finestre. In quel grigiore e silenzio c'è allora una macchia luminosa e violenta, il piccolo abat-jour che rischiara il grande piano scuro della mia scrivania. La settimana scorsa è stata proprio la mia ora migliore. Ero immersa nell'*Idiota*". Spier le ha detto che per lui non finire un libro equivale a una mancanza di rispetto. Ma anche quando legge lei vuole essere libera: "La vita non può essere costretta in un sistema. E neanche una persona. O la letteratura". E in effetti su quella scrivania, sotto la macchia dell'abat-jour, i libri seguono l'ordine dei suoi pensieri o l'irrequietezza del suo spirito, sempre in cerca di risposte ma più ancora di domande. E seguono anche l'inquietudine del suo carattere: "Una volta preferivo cominciare a stomaco vuoto con Dostoevskij o con Hegel, e a tempo perso, quand'ero nervosa, mi capitava anche di rammendare una calza. Ora comincio con la calza, nel senso più letterale della parola e poi pian piano, passando attraverso le altre incombenze quotidiane, salgo verso la cima, dove trovo i poeti e i pensatori". Ne enumero alcuni in ordine sparso così come si incontrano pagina dopo pagina nel diario: Puškin, Čechov, Thomas Mann, Bakunin, Casanova, Boccaccio, Meister Eckhart, Tommaso da Kempis, e i libri che condivide con Spier, gli Evangelisti, Matteo soprattutto, sant'Agostino, e poi Jung, che di Spier era stato maestro. Ha letto anche un po' Freud, ma di Jung apprezza l'immagine della psiche non come contenitore di conflitti e nevrosi bensì vaso di antiche immagini, risorse ed energie. E la Bibbia, naturalmente: le capita di aprirla a caso per vedere se le dà qualche risposta ai problemi che l'assillano. Certi giorni funziona, altri no.

Etty legge e studia, ma non per accrescere il suo sapere, quelle figure che si esprimono attraverso la parola devono stringere un patto con lei, entrare in intimità. ("Frequento un'ottima società. E non c'entra più 'il bello spirito da letterato' di un tempo: ognuno di loro ha qualcosa di vero da raccontarmi, e molto da vicino.") Il più intimo di questi amici di lettura è senza dubbio un poeta tanto diverso da lei per storia e carattere, sempre in viaggio, tra città e castelli aristocratici, dalla produzione ricca e varia e destinata a una vasta risonanza tra i giovani europei della sua epoca, Rainer Maria Rilke, che era morto nel 1926. Etty, che sa il tedesco e può leggerlo in lingua originale, di lui ama le poesie, le prose, le lettere. Nel diario lo cita spesso, è una sorta di compagno segreto, alle cui parole certe volte si aggrappa come a una sorta di ancora di salvezza e fa proprie, ricopiandole sui quaderni, lunghe citazioni che la consolano e la guidano. Perché si copiano le frasi degli scrittori amati o certe volte di uno solo, l'eletto, la voce guida?

Per quanto mi riguarda è una specie di impulso irresistibile e senza scopo apparente. Non ha nulla a che vedere con i brani o le informazioni che si devono appuntare mentre si studia. È come se certe frasi fossero un responso della Sibilla, tanto più oracolari perché non seguono nessuna domanda precisa. Non è che uno chiede cosa devo fare io della mia vita, in un momento di difficoltà o di incertezza. No. Ci sono delle frasi che si isolano nella pagina di uno scrittore, come illuminate improvvisamente da un faro, che danno insieme la risposta e la domanda. Quei frammenti di un discorso pronunciato per iscritto tanti anni prima, o in un posto tanto lontano da noi, dove non siamo mai stati e non andremo mai, sono proprio le parole che bramavano ascoltare, proprio il pensiero esatto che non riuscivamo a formulare. Una consolazione per l'amore che non riusciamo a vivere. Una chiave per dare un senso alla malinconia, oppure all'allegria. Dirette a noi, espressamente a noi che stiamo leggendo forse casualmente quell'autore, che ha la gentilezza di rivolgerci in modo così appropriato le parole che senza saperlo stavamo aspettando.

È una relazione molto stretta quella che può stabilirsi leggendo, molto privata. Rilke è uno di quei poeti che danno voce all'anima, senza semplificarne troppo la voce. Anche io a un certo punto me ne sono innamorata, ma ero più giovane di Etty e non sapevo il tedesco. Lo scoprii in una piccola raccolta di poesie nella meravigliosa traduzione di Giaime Pintor. Nella bianca copertina einaudiana c'era una poesia che non ho mai dimenticato, anche perché sicuramente devo averla copiata su qualche quaderno finito chissà dove.

Tu non sei più vicina a Dio
di noi; siamo lontani
tutti. Ma tu hai stupende
benedette le mani.
Nascono chiare a te dal manto,
luminoso contorno:
io sono la rugiada, il giorno,
ma tu, tu sei la pianta.

È una poesia intitolata *Annunciazione* e queste sono le prime parole che l'angelo rivolge a Maria. Per Etty,

Rilke è un maestro di vita, di sentimenti, di ethos e di pathos, che avrà cura di portare con sé, lui che viveva nei castelli, nella baracca di Westerbork. Ma non soltanto: è anche un maestro da cui spera di trovare la via per le parole giuste. Etty vuole diventare scrittrice, lo dice e lo ridice. Ma sa che la scrittura è un'amante esigente: "Non è facile penetrare con le parole fino nel fondo delle cose"; "A volte vorrei rifugiarmi con tutto quel che ho dentro in un paio di parole. Ma non esistono ancora parole che mi vogliono ospitare"; "Vorrei scrivere parole che siano organicamente inserite in un gran silenzio, e non parole che esistono solo per coprirlo e disperderlo"; "Bisogna sempre più risparmiare le parole inutili per poter trovare quelle poche che ci sono necessarie". E più tardi, mentre sta preparando lo zaino con le poche cose da portare a Westerbork (insieme a calze resistenti, una minuscola edizione della Bibbia, i vocabolari russi, i racconti popolari di Tolstoj, un volumetto di lettere di Rilke): "Dovrei dire solo le parole più essenziali".

Etty auspica molto lavoro per il dopo, quel dopo che non verrà: novelle, romanzi, racconti. Vuole essere la cronista del campo, oppure scrivere una fiaba: è tutto così folle, così assurdo, così inspiegabile ciò che sta accadendo agli ebrei che nessuna opera realistica potrebbe raccontarlo, forse solo la grammatica spregiudicata di una fiaba. Lei che non chiede niente per sé a

Dio, a metà di quel primo anno, il 1941, che considera il più bello della sua vita, gli rivolge per iscritto una invocazione: "Mio Dio, prendimi nella tua grande mano e fammi tuo strumento, fa' che io possa scrivere". Fino in fondo, fino agli ultimi giorni di Westerbork, il pensiero di scrivere non l'abbandona. È un atto necessario alla sopravvivenza, fa parte di quella "nascita di una autentica autonomia interiore" che lei considera un bene irrinunciabile.

Etty amava i suoi complicati genitori e i suoi fratelli, ma appena possibile, finite le scuole superiori, sente il bisogno di andarsene di casa, in cerca di un'altra famiglia, non matrimonio e figli, ma una famiglia a misura non tanto di quello che è ma di quello che vuole diventare. (Ricordo qualcosa di analogo: non solo la fuga da una famiglia difficile, ma anche il piacere di stabilire legami soltanto elettivi, nuove sorelle, nuovi fratelli, o genitori di ricambio scelti con cura tra gli anziani più affascinanti che incontravo.) Quando si stabilisce in casa Wegerif l'obiettivo della scrittura sembra vicino a essere raggiunto, alle spalle ha molti incontri, molte discussioni, molti di quegli esagitati dibattiti in cui ragazzi pieni ardore e di inesperienza ridisegnano il mondo, che si tratti di politica, letteratura, società. Le sembra che il materiale sia pronto, a disposizione. Ma non è così. Quando comincia l'occupazione tedesca, nel maggio del 1940, Etty nella sua stanza rifugio della Metsustrasse con vista sul Rijksmuseum ha messo a fuoco il suo desiderio di scrivere ma ha le idee confuse, e un sentimento che non l'abbandonerà: "Non so come andrà a finire con questo mio scrivere. Tutto è ancora caotico... Aspetterò ancora, fin quando tutto verrà fuori spontaneamente e troverà una forma: prima, però, devo trovare io stessa una forma, la mia forma".

Come il marinaio di Conrad che insegue il suo destino nelle peripezie del vecchio vascello, così Etty insegue la sua forma mentre studia, rammenda, legge, ama Spier, si arrangia in quella città proibita che è diventata Amsterdam per gli ebrei, nel manicomio delle tristi stanze del Consiglio ebraico, nell'inferno di Westerbork. La insegue nel dialogo continuo con Dio. Lo dice e lo ripete quando il cerchio si stringe, la distruzione finale si avvicina ed è molto difficile "mantenere intatto un pezzetto della propria anima". Scrive nel giugno del '42: "Credere in sé stessi e credere che abbia un senso trovare la propria forma". Scrivere non è la salvezza ma è la sua strada per la forma. Scrive fino all'ultimo, fino al 7 settembre 1943, giorno in cui salì con i genitori e il fratello pianista sul convoglio diretto ad Auschwitz.

Morì, secondo la Croce Rossa, un po' più di due mesi dopo, il 30 novembre, senza accorgersi che una scrittrice lo era diventata, e che il suo diario sarebbe stato uno dei grandi romanzi di formazione del Novecento. Forse sperava però che di tutte quelle parole qualcosa sarebbe rimasto se nel giugno del '43 affidò all'amica infermiera i suoi quaderni. Fino ad allora dal campo ogni tanto era potuta tornare ad Amsterdam, in quel mese invece il suo trasferimento nel Drenthe, che non aveva fatto nulla per evitare, divenne definitivo.

Per quella finale prigionia aveva portato con sé il compagno prediletto, il poeta Rilke, un uomo fragile, scrive nell'ultima pagina del diario, che in circostanze tranquille e favorevoli aveva trovato "la forma più giusta e più bella" per le intuizioni profonde, quelle di cui era stata all'ascolto nella sua indomabile giovinezza.

C'era una poesia che amava molto. Faccio lo stesso gesto che ha fatto lei, ottant'anni fa, una domenica mattina di marzo, alle nove e mezzo, cioè la ricopio:

> Le foglie cadono, cadono da lontano
> quasi giardini remoti sfiorissero nei cieli;
> con un gesto che nega cadono le foglie.
>
> E ogni notte pesante cade la terra
> dagli astri nella solitudine.

Tutti cadiamo. Cade questa mano
e così ogni altra mano che tu vedi.

Ma tutte queste cose che cadono, Qualcuno
con dolcezza infinita le tiene nella mano.

Mentre lavoravo a questo libro e leggevo e rileggevo e appuntavo i testi di Etty, andavo alla ricerca di quella frase che mi aveva definitivamente legato a lei e anche cambiato lo sguardo sul mondo, su questo mondo qui dove poggiamo faticosamente i piedi tutti i giorni e su quel mondo di là, dove speriamo ci sia qualcuno di luminoso ad aspettarci (io personalmente vorrei anche rincontrare il mio gatto Batuffolo). Una frase che, leggendola, mi sembra pronunciata dalla sua voce come un personale messaggio, una verità evidente cui non avevo mai pensato. Cerca e cerca e cerca di nuovo: la frase perfetta è sparita, che me la sia immaginata? No, a me, all'epoca in cui ho letto il diario e le lettere di Etty Hillesum, non mi sarebbe mai venuta in mente. Sfoglio insistentemente, guardo la versione abbreviata del *Diario* ma lì non c'è, percorro ossessivamente le 797 pagine della versione integrale, tutte piene di sottolineature e segnalibri, eppure non la trovo. Riprendo in mano anche le due versioni delle *Lettere*, con cui ho meno intimità, ma niente da fare.

Allora ho telefonato a un amico che avevo spinto anni fa a leggere le opere di Etty proprio citandogli quella frase. Ti ricordi che te l'ho detta, vero? Certo che me la ricordo, come potrei averla dimenticata. Dopo che me l'hai detta ho cominciato a leggere il diario. Non ti ricordi in che momento la scrive? Mi chiedi troppo.

Dunque non riuscivo a ritrovarla, quella frase, come se le righe si trasformassero in una selva oscura, ogni riga un sentiero che si chiude. Niente di nuovo, in realtà. Mi succede in continuazione, avendo sempre troppi libri sotto gli occhi, di andare alla ricerca della frase che mi ha colpito e che è rimasta scolpita nella mia mente e nel mio cuore, la citazione perfetta per me, non quelle per tutti che si trovano su Wikiquote, e di non trovarla.

Ma poi, quando sconfitta ho chiuso definitivamente le opere di Etty, una percezione si è fatta strada in me e ho capito. Deve esserci, c'è una sorta di legge del ricordo del lettore, che funziona così: non sfogliare, non accanirti sulla frase perduta, non la troverai perché quella frase ormai è tua, non devi cercarla perché è scritta dentro di te.

Allora la dico come me la ricordo.

La frase è: Dio ci vuole felici.

Nota al testo

OPERE DI ETTY HILLESUM

Per quanto riguarda le citazioni di Etty Hillesum contenute in questo volume, si rimanda alle edizioni integrali italiane edite da Adelphi, cui vanno i nostri ringraziamenti.

Diario, edizione integrale 1941-1943, traduzione di Chiara Passanti, Tina Montone, Adelphi, Milano 2012.

Lettere, edizione integrale 1941-1943, traduzione di Chiara Passanti, Tina Montone, Ada Vigliani, Adelphi, Milano 2013.

ALTRE OPERE

Di seguito le edizioni italiane di riferimento, per quanto riguarda le altre opere citate nel testo.

Giorgio Bassani, *Il giardino dei Finzi-Contini*, Feltrinelli, Milano 2012.

Primo Levi, *Se questo è un uomo*, Einaudi, Torino 2012.

Marguerite Duras, *L'amante*, traduzione di Leonella Prato Caruso, Feltrinelli, Milano 1995.

Anna Frank, *Diario*, traduzione di Laura Pignatti, Einaudi, Torino 2015.

Katherine Mansfield, *Tutti i racconti*, traduzione di Floriana Bossi, Cristina Campo, Giacomo Debenedetti e Marcella Hannau, Adelphi, Milano 2003.

Edith Wharton, *Lettere a Morton Fullerton*, a cura di Marina Premoli, edizioni Archinto, Milano 1990.

Le traduzioni di brani tratti dal racconto *Youth* di Joseph Conrad e dai *Diari* di Katherine Mansfield sono opera dell'autrice.

La poesia di Rainer Maria Rilke *Annunciazione*, a pagina 146, è citata nella traduzione di Giaime Pintor, edita da Einaudi nel 1955. La poesia di pagina 150, tratta dal *Libro delle immagini*, è citata nella traduzione di Ada Vigliani, tratta dall'edizione Adelphi del *Diario* di Hetty Hillesum.

Questo volume è stato stampato nel novembre 2022
presso Rotolito S.p.A. - Milano